dtv

dtv

portrait

Herausgegeben von Martin Sulzer-Reichel

Michaela Diers, geboren 1956 in Mannheim, studierte in Freiburg Germanistik und Mittelalterliche Geschichte und promovierte über Bernhard von Clairvaux. Heute arbeitet sie als freie Autorin und in der Erwachsenenbildung. In der Reihe dtv portrait erschien von ihr der Band ›Hildegard von Bingen‹.

Bettine von Arnim

von Michaela Diers

Deutscher Taschenbuch Verlag

Weitere in der Reihe **dtv portrait** erschienene Titel
am Ende des Bandes

Originalausgabe
August 2001

www.dtv.de

Umschlagkonzept: Balk & Brumshagen
Umschlagbild: © AKG, Berlin
Satz und Layout: Agents – Producers – Editors, Overath
Druck und Bindung: APPL, Wemding
Gedruckt auf säurefreiem, chlorfrei gebleichtem Papier
Printed in Germany ISBN 3-423-31052-9

Inhalt

1 Bettine von Arnim. Gemälde nach einer zeitgenössischen Miniatur von ihrem Enkel Achim von Arnim-Bärwalde, 1890

Drei Leben

Bettine wird am 4. April 1785 in Frankfurt geboren. Sie ist das dreizehnte Kind des Kaufmanns Peter Anton (auch Pietro Antonio, aufgrund seiner Herkunft aus dem italienischen Tremezzo) Brentano. Nach dem Tod seiner ersten Frau Paula im Alter von nur 26 Jahren geht der bereits sechsfache Vater im Jahr 1774 eine zweite Ehe mit der achtzehnjährigen Maximiliane, der Tochter der berühmten Schriftstellerin Sophie von La Roche ein. Mit Bettine gebiert sie ihr siebtes Kind. »Ich heiße Catarina Elisabetha Ludovica Magdalena und werde vulgairement genannt Bettina« (AM 33) oder aber Bettine, wie sie sich zumeist in ihren Briefen nennt.

Peter Brentano heiratet mit Maximiliane die Tochter des angesehenen kurtrierischen Kanzlers Georg Michael von La Roche – nicht zuletzt um seines gesellschaftlichen Ansehens willen. Zwar hat er es zu einem beträchtlichen Vermögen gebracht, ist aber als gebürtiger Italiener stets ein Außenseiter in der guten Gesellschaft Frankfurts geblieben. Durch seine Heirat schafft er Abhilfe. Er läßt sich von seinem Schwiegervater den Titel eines Geheimen Rates und Residenten des Kurfürstentums Trier besorgen und besteht fortan auf der korrekten Anrede. Für die Frau Rat, Goethes Mutter, freilich ist und bleibt er ein Emporkömmling, der »sich zu einem vornehmen Mann wie der Esel zum Lautenschlagen schickt« (Pü 17).

Macht der Status der Familie von La Roche deren Tochter für den Frankfurter Kaufmann attraktiv, so blickt das Ehepaar mit Wohlwollen auf das Vermögen des Bewerbers, das die Bedeutung von zwei Jahrzehnten Altersunterschied ver-

Auch **Goethe** gehört zu den Verehrern von Bettines Mutter. Er lernt sie als Sechzehnjährige kennen und läßt sie zu einem der Vorbilder für Werthers Lotte werden. »Ihre Max«, schreibt er 1774 an Sophie von La Roche, »habe ich in der Komödie gesprochen, den Mann auch, er hatte alle seine Freundlichkeit zwischen die spitze Nase und den spitzen Kiefer zusammengepackt.« Goethe verkehrt nach der Heirat noch einige Zeit im Haus der Brentanos. Der Kontakt bricht allerdings wegen unterschwelliger Ressentiments gegenüber dem Hausherrn, Peter Anton Brentano, bald ab.

2 Peter Anton Brentano

blassen läßt: »Alle Negoziantenweiber sind glücklich, sagten wir und gaben unsere Max dem Brentano« (Bö 18). Die zeitgenössische Ehe erfüllt vor allem soziale Funktionen und wird daher aus sachlichen Gründen geschlossen. Glück stellt sich sodann, wie nicht nur das Ehepaar von La Roche glaubt, von selbst ein – oder eben auch nicht.

»Sie kränken uns, ohne es bemerkt zu haben. Und läßt man sich diesen Schmerz merken, so revoltiert sich ihr Stolz über unsere Pretensionen«, schreibt Maximiliane über die Männer schlechthin und hat dabei den ihrigen im Auge. Dieser freilich ist kaum besser oder schlechter als andere auch. Er gebärdet sich als herrischer Hausvater und erfüllt somit die ihm zukommende Rolle, wie sie die ihrige erfüllt. Alles ist also völlig normal, nur daß Maximiliane aus für sie unerfindlichen Gründen unglücklich ist: »Wenn jemand wüßte, warum ich traurig bin …, denn eigentlich fehlt mir nichts. Ich bin wohl, die Kinder auch, mein Mann ist gut. Mein Vater auch, aber mir ist traurig.«

Über trostlose irdische Verhältnisse tröstet traditionell der Himmel hinweg. Im Jenseits wird sich alles, für das im Diesseits kein Platz ist, erfüllen. Einstweilen also gilt es, sich ins Unvermeidliche zu fügen und somit das Leben selbst bis an die Himmelspforte zu vertagen: »Und ich – doch ich will warten,

Im Jahr 1819 gibt Rahel Varnhagen einem Mädchen den Ratschlag, an Orte zu gehen, »wo neue Gegenstände, Worte und Menschen dich berühren, dir Blut, Leben, Nerven und Gedanken auffrischen. Wir Frauen haben dies doppelt nötig, indessen der Männer Beschäftigung wenigstens in ihren eigenen Augen auch Geschäfte sind, die sie für wichtig halten müssen, in deren Ausübung ihre Ambition sich schmeichelt; worin sie ein Weiterkommen sehen, in welcher sie durch Menschenverkehr schon bewegt werden: wenn wir nur immer herabziehende, die kleinen Ausgaben und Einrichtungen, die sich

3 Maximiliane Brentano, geborene von La Roche

bis der Tod mir Ruhe bringt – ich sehe ihn als einen Freund, der mich in ein besseres Land bringen wird, wo Selbstzufriedenheit und Liebe mein Herz in Reinheit und Unschuld bewohnen werden –« (Pü 19).

Maximiliane, das sechzehnjährige Mädchen, ist – wie sie von Goethe in ›Dichtung und Wahrheit‹ geschildert wird – künstlerisch vielfältig begabt und vor allem klug, denn der aufklärerischen Gesinnung des Vaters zugeneigt. Mit 18 Jahren wird sie verheiratet und ist fortan damit beschäftigt, in 19 Ehejahren zwölf Kinder zu gebären, den Haushalt zu besorgen und ansonsten ihr namenloses Unglück an die Töchter weiterzugeben. Besonders die ältere Tochter Sophie steht unter der Mutter strengem Regiment. Sie soll im Haushalt helfen und nicht etwa lesen – »außer ich erlaube es dir. Und tust du es heimlich, so bist du nicht wert, mein Kind zu sein und ich bin eine unglückliche Mutter.« (24)

So dümpelt das Leben in vorgezeichneter Bahn vor sich hin, bis es irgendwann endgültig versickert. Ihre zwölfte Geburt überlebt Maximiliane nicht. Bettine ist acht Jahre alt, als ihre Mutter im November 1793 im Alter von 37 Jahren stirbt.

Der Vater heiratet erneut, nun eine um 36 Jahre jüngere Adlige, die ihn auf der Leiter gesellschaftlichen Ansehens eine weitere Sprosse erklimmen läßt und ihm zudem zwei Söhne gebiert.

---

ganz nach der Männer Stand beziehen müssen, Stückeleien vor uns haben … Dies ist der Grund des vielen Frivolen, was man bei Weibern sieht, und zu sehen glaubt: sie haben der beklatschten Regel nach gar keinen Raum für ihre eigenen Füße, müssen sie immer nur dahin setzen, wo der Mann eben stand und stehen will; und sehen mit ihren Augen die ganze bewegte Welt, wie etwa Einer, der wie ein Baum mit Wurzeln in der Erde verzaubert wäre; jeder Versuch, jeder Wunsch, den unnatürlichen Zustand zu lösen, wird Frivolität genannt; oder noch für strafwürdiges Benehmen gehalten.«

»Es war einmal ein Kind, das hatte viele Geschwister. – Eine *Lulu* und eine *Meline*, die waren jünger, die andern waren alle viel älter. Das Kind hat alle Geschwister zusammengezählt, da waren's dreizehn, und der *Peter* vierzehn und die *Therese* und die *Marie* fünfzehn, sechzehn, und dann noch mehr, die hat es aber nicht gekannt, denn sie waren schon tot; es waren gewiß zwanzig Geschwister, vielleicht waren es gar noch mehr« (FK 91), schreibt Bettine mit viel Symphatie und feinem Humor, denn angesichts der Brentanoschen Kinderschar kann selbst die leibliche Schwester leicht den Überblick verlieren. De facto sind es 20 Kinder, die Peter Brentano – zuzüglich eines hohen gesellschaftlichen Ranges und eines großen, über die Jahre hinweg erwirtschafteten Vermögens – als Lebensbilanz verbuchen darf. Im Jahr 1797 endet sein steiler Karriereweg und somit ein erfülltes Kaufmannsleben, das in jeglicher Hinsicht von unermüdlichem Fleiß geprägt war.

Bettine wird 1785 geboren, oder ist das Jahr 1835 ihr eigentliches Geburtsjahr? Die Schriftstellerin Bettine von Arnim jedenfalls erblickt 1835, dem Jahr der Veröffentlichung ihres Erstlingswerkes ›Goethes Briefwechsel mit einem Kinde‹, das Licht der Welt. Bettine ist bei ihrer zweiten Geburt bereits 50 Jahre alt. Zuvor hat sie – wie ihre Mutter auch – geheiratet und somit die gesellschaftlichen Normen erfüllt. Daß sodann auf die Jugendzeit und zwei Jahrzehnte Ehe noch ein drittes Leben folgt, ist die Ausnahme, nicht die Regel. Auch Bettines Mutter wäre eine solche zweite Geburt zu wünschen gewesen, die all die Begabungen, für deren Entfaltung im Leben kein Platz war, zutage fördert. Vergönnt war sie ihr nicht.

»Ihr Leben ist ihr Werk, und auch umgekehrt, ihr Werk ist ihr Leben«, schreibt Gustav Konrad über Bettine, was eigentlich nur in voller Tragweite zu verstehen ist, wenn man um ihre drei Leben weiß. Besonders das erste und das dritte Le-

Bettines **Werk** entzieht sich einer eindeutigen **literaturgeschichtlichen Zuordnung.** Es wurzelt im Geist der Frühromantik, deren subversive Ideale Bettine nie aufgeben wird. Insbesondere die politischen Schriften lassen sich sodann dem Jungen Deutschland zuordnen, einer Gruppe von Autoren, mit denen Bettine die harsche Zeitkritik und die Forderung nach demokratischen Rechten teilt. »Junges Deutschland, frische Lebensblüte unseres edlen Volks«, läßt sie ihren konservativen Schwager Savigny wissen, »weil es von den Philistern angespaunzt wird wie von einer Gesellschaft alter Kater …, so ist mirs

Die romantische Poesie ist eine progressive Universalpoesie. Ihre Bestimmung ist nicht bloß, alle getrennten Gattungen der Poesie wieder zu vereinigen, und die Poesie mit der Philosophie und Rhetorik in Berührung zu setzen. Sie will und soll auch Poesie und Prosa, Genialität und Kritik, Kunstpoesie und Naturpoesie bald mischen, bald verschmelzen, die Poesie lebendig und gesellig, und das Leben und die Gesellschaft poetisch machen. *Friedrich Schlegel, ›Athenäums‹-Fragmente*

ben greifen eng ineinander. Zentrale Passagen der Werke Bettines gelten der eigenen Kindheit und gehören ohne Zweifel zum Schönsten, was sie geschrieben hat. Als alte Frau (was man zu diesen Zeiten mit 50 Jahren ist) erschließt sie ihre Kindheit neu, und dies auf ihre ureigenste Art und Weise.

Grundlage ihrer Werke ›Goethes Briefwechsel mit einem Kinde‹ (1835), ›Die Günderode‹ (1840) und ›Clemens Brentanos Frühlingskranz‹ (1844) sind Briefwechsel aus der Jugendzeit, die sie frei bearbeitet. Ganz im Geist romantischen Symphilosophierens sind die Rückblicke von vielfältigen Betrachtungen durchwoben, die unter dem Eindruck all der Themen oder aktuellen Zeitfragen stehen, die Bettine, da sie ihre Werke niederschreibt, bewegen. Sie trennt also die zeitlichen Ebenen des ersten und des dritten Lebens nicht.

Sich selbst läßt sie in ihren Werken als Bettine, das Kind, auftreten. Dieses Kind ist nicht mit dem realen Kind identisch, aber auch kein literarisches Kunstprodukt, sondern die stilisierend überformte Darstellung des Kindes, das sie einst war. Bettine schreibt nicht ihre Lebensgeschichte, sondern schreibt – auch hier folgt sie romantischen Idealen – ihr Leben zum Kunstwerk um.

Wollte man die lebensgeschichtliche von der literarischen Ebene trennen, stieße man rasch an eine unüberwindliche Grenze. Die Originalbriefwechsel des ›Frühlingskranzes‹ und der ›Günderode‹ sind verloren. Wären sie vorhanden, bliebe

schon deswegen heilig« (5, 318). Letztlich allerdings ist Bettine – so Hartwig Schultz – eine »Einzelkämpferin«, die sich »in keines der gängigen Schemata einordnen läßt« (Kat 111). Allemal trifft ein Zeitgenosse Bettines, Joseph von Görres, den Sachverhalt am besten, wenn er über das eigenwillige Werk dieser eigenwilligen Frau vermerkt: »Antik ist's nicht, romantisch auch nicht, aber Bettinisch.«

die Berechtigung dieser Methode fraglich, denn sie widerspräche der Anlage von Bettines Werken. Vor allen Dingen aber griffe die Unterscheidung in Realität und Fiktion zu kurz, die einem solchen Verfahren zugrundeliegt.

Immer wieder kreist Bettine um das Motiv der »Eigenmacht«, wie sie das Recht (und auch die Pflicht) des Menschen auf Bewahrung und Entfaltung seines innersten Selbst angesichts einer fremdbestimmenden Realität nennt. Das zentrale Thema ihrer Werke ist zugleich das ihres Lebens, denn sie exemplifiziert es an sich selbst. »Nun, ich gefall mir selbst gut« (G 59), vermerkt das literarische Kind souverän und fügt nicht minder selbstbewußt hinzu: »Ich bin mir genug und brauch keine Beglaubigung dazu.« (468). Das Kind spricht hier sichtlich mit der festen Stimme, die ihm die Fünfzigjährige leiht. Im Jahr 1835 ist diese nicht mehr bereit, sich von ihrem Umfeld »beglaubigen« zu lassen. Sie tut, was sie für richtig hält, d. h., sie schreibt und veröffentlicht ihr Buch, auch gegen den massiven Widerstand der Familie.

Bettines Werke stehen stark unter dem Eindruck des zeitgenössischen Geniekultes. Entsprechend betont sie die Autonomie des genialen Kindes, das sich seiner selbst und seiner Begabung sicher ist. Die Angst des realen Kindes hingegen, seine Außenseiterrolle und all die Nöte infolge des enormen Anpassungsdrucks, unter dem es steht, bleiben weitgehend unthematisiert. An denjenigen Zeugnissen aus Kindheit und Jugend, die nicht nachträglich überarbeitet wurden, läßt sich ablesen, daß auch Bettine diesen Preis für das Abweichen von der Norm bezahlt hat. Ihre Stimme klingt hier weit weniger selbstbewußt – brüchiger und oft genug auch trauriger. Im Kern freilich ist es dieselbe Botschaft, die aus den Stimmen des realen und des literarischen Kindes spricht. Im Jahr 1800 nimmt Gunda an ihrer Schwester eine »Festigkeit in ihrem

Wenn daher auch Geschlechter, Erden und Welten vergehn, so leben doch die Seelen aller großen Taten, aller Dichtungen, aller Kunstwerke. – In der Vollendung der Kunst sehen wir am reinsten und schönsten das geträumte Bild eines Paradieses, einer unvermischten Seligkeit ... Lasset uns darum unser Leben in ein Kunstwerk verwandeln, und wir dürfen kühnlich behaupten, daß wir dann schon irdisch unsterblich sind.

W. H. Wackenroder und L. Tieck: ›Phantasien über die Kunst‹

Charakter« (Pü 25) wahr, der in den Werken Bettines als die Souveränität des literarischen Kindes, als dessen unbezähmbarer Wille zu sich selbst thematisiert wird.

Seinen sinnfälligen Ausdruck findet dieser Wille im Schwur, sich selbst die Treue zu halten, den Bettine in zwei Zeugnissen auf ihr Spiegelbild zuspricht. In einem nicht überarbeiteten Brief aus dem Jahr 1810 legt sie dieses Treuegelöbnis ratlos und unter Tränen ab, da ihr eine den Begabungen und Wünschen angemessene Lebensperspektive verschlossen ist. 25 Jahre später – Bettine ist inzwischen siebenfache Mutter und Witwe – begleitet ein optimistisches Lächeln den in ihrem Erstlingswerk vom literarischen Kind auf sein Abbild zugesprochenen Schwur. So oder so: Bettine hat Wort gehalten.

»Seine Natur darf man nicht verwerfen, sonst klagt man ja Gott selber an. – Das ist's, was Bettine in mir zuerst angriff, als ich in kränklicher Zeit auch dazu neigte«, schreibt ein jugendlicher Verehrer Bettines und fügt hinzu, »so hab' ich ihr viel zu verdanken« (III 1168). »Liebe deine eigene Schönheit«, rät sie einem anderen jungen Freund (Hö 79).

Die Forderung, daß man sich selbst gefallen soll, meint nicht Selbstgefälligkeit, sondern den achtsam-liebevollen Umgang mit sich selbst. Selbstliebe ist für Bettine ein wesentlicher Stützpunkt innerer Autonomie, denn sie

4 Mädchen, sich im Spiegel betrachtend. Stich von Vigée Lebrun

Die Wahrheit … macht sich jedem fühlbar, wer sie aber dann verleugnet, der verliert sich selbst. Ich bin so allmählich gewahr geworden, wie die Leute sich selbst mißhandelten mit ihren Lügen, erst hören sie vernehmlich die Wahrheit, auch in ihrer Brust; und als ihr Schall so himmelrein erklang, da hatten sie nicht den Mut, ihrem Ruf zu folgen; ach und sie wehren sich mit des Teufels Hilfe gegen eine himmlische Kraft; nur jetzt weiß keiner mehr von allen, die so sich wehrten, daß je eine höhere Stimme sie würdigte. *Gr 67f.*

5 Jugendbild Bettines. Zeichnung von Ludwig Emil Grimm

koppelt davon ab, sich nach dem jeweiligen Zeitgeschmack »lieb Kind« machen zu müssen. Einen solch achtsam-liebevollen Blick sendet sie dem Mädchen, das sie einst war, zu. Und dieses Mädchen lächelt zurück. Bettine erschließt sich ihr drittes Leben, indem sie ihr erstes Leben nicht verloren gibt. All die Wünsche und Begabungen, für die im zweiten Leben kein Platz war, sind nicht Flausen der Kindheit, sondern die innere Wahrheit ihres Lebens. Und so greift sie die noch zarte Wahrheitsstimme des Mädchens auf und versieht sie mit der Bestimmtheit und all den Erfahrungen der Fünfzigjährigen. Einst wortloses Unglück findet nun Worte. Seelische Überlebensstrategien wandeln sich vom Notbehelf zum Widerstandsmodell. Der eiserne Wille, sich nicht zu verlieren, wird nicht nur gelebt, sondern nun auch durchdacht. Die reife Frau

Denn mich befiel oft eine unerträgliche Trauer, daß ich nicht an einer Stelle vermögend war zu bleiben, ein Ringen war in mir, und selbst meine Tränen waren keine erleichternde, sondern eine schmerzhafte Ergießung; und da fiel ich auf meine Knie und rief aus schwerem Herzen: »O Gott! keine solche Stunde mehr! laß es die letzte sein«. Dann trieb es mich, daß ich mich anschauen mußte im Spiegel, wenn ich mir dann mit der Kerze ins Gesicht leuchtete, daß mein dunkles Haar wie Flammen schien, daß meine Wangen brannten, daß in meinen Augen eine Gewalt leuchtete, daß mein Mund herb, aber fest geschlossen war, daß meine Tränen langsam niederrollten, daß bei dem Ringen dieses tiefen innern Lebens auch nicht die mindeste Bewegung war, sondern so wie im Schmerz erstarrt mein Gesicht sich nicht veränderte, wenn ich dies alles so anstaunte in diesem Zustand, da schlug es plötzlich wie Feuer in meiner Brust und eine innere Gewalt brach aus mir hervor, die plötzlich alles in Todesstille verkehrte, und ich schlief ein, zuweilen auch mußte ich mich küssen und mir Trost zusprechen: »Es ist doch niemand wie du, sagte ich mir dann: du bist ganz allein so; aber ich bin mit dir, ich bin auch allein, es ist ein göttliches Leben in deiner Brust, aber wie soll ich's erheben, wie soll ich dich groß machen? in den Himmel muß ich dich tragen!« (MP 113f.) *An Max Prokop von Freyberg, 1810*

und das Mädchen holen gemeinsam zum Gegenschlag aus – und das mit Macht. Bettine greift die Protesthaltung des Kindes auf und steigert sie zum renitenten Vollbild. Die Geschichte ihrer Jugend wird zur exemplarischen Biographie des Widerstands – und zum Lesevergnügen, vor allem, wenn man aufsässige, über alle Anstandsstränge schlagende Mädchen mag.

6 Bettine von Arnim. Stich nach einem Gemälde von Carl Arnold, 1859

Freilich findet hier nicht einfach eine literarische Bearbeitung statt, sondern ein Prozeß von wechselseitiger Dynamik. Auch das Mädchen scheint die Fünfzigjährige einer Überarbeitung unterzogen zu haben. Denn in dem Maß, wie sich der Literatin das aufsässige Mädchen erschließt, greift umgekehrt – so der Eindruck, den die dritte Lebensphase vermittelt – dessen Aufsässigkeit auf die Literatin über. Bettines Leben ist eben ihr Werk, und ihr Werk ist ihr Leben.

Es war mir eine große Überraschung, wie ich im dreizehnten Jahre zum erstenmal mit zwei Schwestern, umarmt von der Großmutter, die ganze Gruppe im Spiegel erblickte. Ich erkannte alle, aber die eine nicht, mit feurigen Augen, glühenden Wangen, mit schwarzem, fein gekräuseltem Haar; ich kenne sie nicht, aber mein Herz schlägt ihr entgegen, ein solches Gesicht hab ich schon im Traum geliebt, in diesem Blick liegt etwas, was mich zu Tränen bewegt, diesem Wesen muß ich nachgehen, ich muß ihr Treue und Glauben zusagen; wenn sie weint, will ich still trauern, wenn sie freudig ist, will ich ihr still dienen, ich winke ihr, - siehe, sie erhebt sich und kommt mir entgegen, wir lächeln uns an, und ich kann's nicht länger bezweifeln, daß ich mein Bild im Spiegel erblicke.

Ach ja, diese Prophezeiung ist mir wahr geworden, ich habe keinen andern Freund gehabt als mich selber … (F)inde dich, sei dir selber treu, lerne dich verstehen, folge deiner Stimme, nur so kannst du das Höchste erreichen, du kannst nur dir treu sein in der Liebe, was du schön findest, das mußt du lieben, oder du bist dir untreu. (GB 519)

Bettine über die Begegnung mit ihrem Spiegelbild in ›Goethes Briefwechsel mit einem Kinde‹, 1835

Zu Beginn ihres dritten Lebens ist Bettine fraglos in die Jahre gekommen. Eigentlich dürfte sie aus der Ferne bereits mit dem Lehnstuhl liebäugeln, dem traditionellen Alterssitz, auf dem man es sich bequem machen kann, um fortan den Ist-Zustand der Welt gegen den Ansturm der Jungen zu verteidigen. Rebellion ist das Vorrecht der Jugend. Vielleicht ist sie auch eine bislang zu wenig erkannte Chance des Alters, denn größere Selbstgewißheit kann auch größere Freiheit gegenüber gesellschaftlichen Zwängen bedeuten. Bettine jedenfalls wird erst auf ihre alten Tage hin so richtig rebellisch. Sie dankt es nicht zuletzt dem Mädchen, das sie einst war. Sie hat ihm ihr Ohr und Wort geschenkt und als Gegengabe dessen Kraft und Lebendigkeit erhalten. So bricht sie nach ihrer zweiten Geburt im Jahr 1835 auf – zu sich selbst hin und zugleich hinaus in die Welt – »den Philistern zum Trotz und der bleiernen Zeit« (III 908). Von ihrer ersten Geburt im Jahr 1785 aus betrachtet, liegt freilich noch ein langer Weg vor ihr.

Ehe und Familie

Bis in die erste Hälfte des 18. Jahrhunderts steht das lateinische *familia* für »Haus«, d. h. eine Produktions- und Lebenseinheit, in der Eltern, Kinder, Verwandte und Nichtverwandte (z. B. Gesinde oder Gesellen) gemeinsam leben und wirtschaften. Die tiefgreifenden Veränderungen durch die sich entwickelnde bürgerliche Industriegesellschaft führen zur Aufspaltung dieser Einheit in den öffentlichen und privaten Bereich. Dieser Prozeß korrespondiert mit der Entstehung der »Familie« (der eingedeutschte Begriff taucht erst gegen Ende des 18. Jahrhunderts auf), die nun vornehmlich Ehegatten und Kinder umfaßt. Die Bereiche des Öffentlichen und des Privaten

> Ich … sprach mit einem andern. Auf einmal hörte ich an einen Becher klingeln mit den Worten: »Gesundheit du!« Ich schaute mich um und sah eine kleine Frau mit hellen Augen und zerzaustem Haar … Bald nachher sagte mir Becker: »Jene Kleine ist die berühmte Bettine v. Arnim.« Ich staunte und gab mir Mühe, das »Kind«, mit welchem Goethe korrespondierte, anzusehen … Dann setzte sie sich auf das Sofa, zog die Knie an, lehnte den Kopf an die Wand und foppte den Minister Hassenpflug.
> *H. Grunholzer über sein erstes Zusammentreffen mit Bettine am 24. Februar 1843*

werden den Geschlechtern zugeordnet, zumal dies deren natürlicher Bestimmung entspreche, die der Zeitgeist zu erkennen glaubt. An die Stelle der alten ständisch-religiösen Legitimation des Zusammenlebens treten »naturgegebene« Merkmale, gemäß denen Frauen dem passiv-emotionalen, Männer dem aktiv-rationalen Bereich zugeordnet werden. »Ihr je spezifischer ›Geschlechtscharakter‹ prädestinierte Frauen daher für personenbezogene Dienstleistungen in der Familie, Männer für sachbezogene, produktive Tätigkeiten in der Wirtschaft, Politik, Kultur und Wissenschaft«, so die Historikerin Ute Frevert.

7 Die Familie Begas. Gemälde von Karl Begas d. Ä., 1821

Im Gegensatz zur zupackenden Bäuerin bzw. Handwerksmeisterin oder der den Reichtum ihres Standes repräsentierenden Adligen ist die bürgerliche Hausfrau vor allem für die Beglückung ihres Gatten und die Erziehung seiner (!) Kinder zuständig. Anfallende Arbeiten (vieles wird von den unverzichtbaren Dienstboten übernommen) sind eher unauffällig zu leisten, um keine Rückschlüsse auf den mangelnden Wohlstand des Ehemanns aufkommen zu lassen. Der Begriff »Arbeit« verengt sich auf »Erwerbsarbeit«. »Frauenarbeit« bedeutet also nicht Hausarbeit, sondern Erwerbsarbeit von Frauen.

Das bürgerliche Familienmodell wird nach und nach für die gesamte Gesellschaft vorbildlich. Da es einen gewissen Wohlstand voraussetzt, steht es allerdings im Widerspruch zu weiten Bereichen der gesellschaftlichen Realität. Gemeinsam mit ihren Familien kämpfen erwerbstätige Frauen der unteren Schichten um das blanke Überleben.

Festzuhalten bleibt die restriktive Zuordnung der Geschlechts- und Lebensrollen sowie die Tatsache, daß es – zumal für Frauen – keine Alternative zur Ehe gibt (ein Leben als Nonne ist nicht jederfraus Sache, ebenso wie die Rolle als sitzengebliebene, durchzufütternde Verwandte). Mädchen werden auf das Eheleben, nicht das Erwerbsleben vorbereitet und sind folglich von einer weiterreichenden (Aus-)Bildung ausgeschlossen. »Die Aufnahme der Kinder ins Gymnasium scheint mir höchst wichtig«, schreibt Achim 1826 an Bettine und fügt hinzu: »Was aus den Mädchen werden soll, weiß der Himmel, der es meist besser lenkt als der Mensch denkt.« (B2, 587)

Die Frau, noch jung, arbeitete Handtücher. Sie konnte nicht genau berechnen, wie viel sie durchschnittlich die Woche verdienen; aber sie klagte, daß sie in der vergangenen Woche an 36 Ellen keinen Pfennig verdient habe, der Kaufmann habe ihr viel weniger als früher für die Ware gegeben. Sie haben zwei Kinder, die ich nicht zu Gesicht bekam. P. war 3 Wochen krank, ohne ärztlichen Beistand, jetzt ist die Frau kränklich. Hinter dem Ofen lag in einem ziemlich saubern Bett der Vater der Pause, ein 82jähriger Greis, krank darnieder; er konnte kaum mehr sprechen, ebenfalls ohne ärztlichen Beistand. (III 373)

Bericht aus den Materialien zu dem geplanten Armenbuch über die Weberfamilie Pause aus Leutmannsdorf

Klosterjahre

Im Jahr 1794 kommt Bettine gemeinsam mit ihren Schwestern Lulu und Meline nach Fritzlar, wo sie im katholischen Mädchenpensionat der Ursulinen erzogen wird. Die ältere Schwester Sophie berichtet vom Ende eines Besuchs bei den »drei Kleinen«: »Wir nahmen Abschied von ihnen, Meline und Lulu weinten sehr, Bettine war wohlgemut.« (Pü 29). Sophie schreibt weiter über die Nonnen: »Sie haben die Kinder gerne und gehen recht sanft mit ihnen um, aber auf Ordnung wird gar nicht gesehen.« (28) Insbesondere letzteres dürfte beträchtlich zur Wohlgemutheit Bettines beigetragen haben.

In ›Goethes Briefwechsel mit einem Kinde‹ berichtet Bettine über die vier Jahre ihres Aufenthaltes in der Klosterschule der Ursulinen im liebevoll-kritischen Rückblick. Spätestens seit dieser Zeit ist Bettine mit Grundelementen des katholischen Glaubens, aber auch mit dessen Tücken bestens vertraut. Denn nicht immer ist der Beistand der Heiligen dazu angetan, die Stimmung der Mühseligen und Beladenen aufzuhellen: »Die vierzehn Nothelfer, die ich aus alter Gewohnheit vom Kloster her noch herbeirief, sind auch keine Gesellschaft zum Lachen, da der eine seinen eignen Kopf, der andre sein Eingeweide im Arm trägt.« (GB 197) Ebenso zeigt sie für den geballten Katholizismus, der sich in Prozessionsform über eine Wiese wälzt, nur wenig Verständnis: »Ich seh' lieber die Lämmer auf dem Kirchhof weiden als die Menschen in der Kirch', und die Lilien auf dem Feld, die, ohne zu spinnen, doch vom Tau genährt sind, – als die langen Prozessionen darüber stolpern und sie im schönsten Flor zertreten.« (68)

Mildigkeit

Wer nie der Vöglein Brut gestört,
Wer auf der Schwalbe frühen
Morgensegen
Mit süß erquickter Seele hört,
Der geht der Armut mildreich
auch entgegen.

Wer die zerknickte Ähre gerne hebt
Und gern die Mücke aus dem Netz
befreit,
Der Spinne schonend, die es sinnreich webt,
Des Herz ist voll von göttlichem
Mitleid. *Clemens Brentano*

Grundlegende Motive von Bettines späterer Religionskritik gehen auf die Zeit im Kloster zurück: »Hier liegen wir im Staube vor Dir Gott Zebaoth. So mußten wir im Kloster singen.« Ein Gott freilich, vor dem sie büßend im Staube liegt, ein Glaube, der niederhält und nicht aufrichtet, ist Bettine unerträglich. Einen solchen Gott, der aus dem Mund der weltlichen und geistlichen Obrigkeit spricht, nennt sie »Götzen«, zumal dessen Botschaft der im innersten Selbst anklingenden Stimme Gottes und der Stimme Gottes in der Natur widerspricht: »Wurzeln und Kräuter, eine Blumendolde, aus der bei leisem Druck der Samen aufsprang – die waren mir Unterpfand und Beteuerung vom Gegenteil alles Aberglaubens, sie sagen mir immer dasselbe: *Frei sein*, und jeder Glaubensbefehl leugnet mir das.« (FK 74)

Eine weitere Erfahrung, von der Bettine auch in späteren Jahren berichtet, nimmt in den Klosterjahren ihren Ausgang,

8 Gewandstudie einer Knienden. Zeichnung von Anselm Feuerbach, um 1861/1866

die des sonntagmorgendlichen Kirchbankschlummers, ausgelöst durch Predigten, die »wie Blei auf (den) Augenlidern« lasten. Allerlei Erbauliches und Mahnendes zieht sodann mit zunehmend unscharfen Konturen an der dem übermächtigen Impuls Erliegenden vorbei: »O je, wie war mir leicht, wenn ich aus der Klosterkirche in den schönen Garten springen konnte, da war mir der geringste Sonnenstrahl eine bessre Erleuchtung als die ganze Kirchengeschichte.« (GB 72) Offenbar findet Bettines religiöse Erziehung im wesentlichen außerhalb der Klosterkirche statt.

Eine ihrer Lehrerinnen ist die alte »Mere celatrice«, die »Bienenmutter« des Klosters, die Bettine in die Imkerei einführt. An ihren Schleier hängen sich die Bienen, und die Nonne behauptet fest, »von ihnen gekannt und geliebt zu werden« (217). Bereits bei der Hopfenernte im Kloster erweist sich Bettine, der eine Raupe in die Hand gefallen ist, als die gelehrige Schülerin der Bienenmutter: »›Stör mich nicht, bis ich mit unberührtem Flügelschmelz bald in die Luft kann tanzen‹, so sprach die eingesponnene Raupe in meiner Hand die Milde an.« (D 264)

In einem Exkurs des ›Goethebuches‹ über ihre große Liebe, Blumen und Pflanzen, berichtet Bettine von einer jungen Nonne, die mit der Pflege der Bäume betraut ist: »Ach, die liebe Nonne mit halb verblühten Rosen auf den Wangen in Weiß verhüllt und der schwarze Florschleier, der ihren raschen zierlichen Gang umschwebte; wie aus dem weiten Ärmel des schwarzen wollenen Gewands die schöne Hand hervorreichte, um die Bäume zu begießen!« Bettine hilft ihr bei der Arbeit und erhält zugleich eine frühe Lektion in Sachen Wunder. »Einmal steckte sie ein kleines schwarzes Böhnchen in die Erde, sie schenkte mir's und sagte, ich solle es pflegen, ich werde ein schönes Wunder daran erleben.« (GB 238)

»Wie war ich demütig vor dem Geist«, schreibt **Bettine über die Blumen**, »den sie ausströmten! ... ach, wie hat Natur aus Liebe es dem Geist Gottes nachahmen wollen. – Und wie liebt er sie! – Wie neigte er sich herab zu ihr, für diese Zärtlichkeit ihm entgegenzublühen! ... Tanzen die Blumen nicht? – Singen sie nicht? – Schreiben sie nicht Geist in die Luft?« (GB 236f.). Blumen sind »die Liebesgedanken der Natur« (FK 156) und sprechen eine Schönheitssprache, die sich – »denn die Augen sind der Mund« – küssend mitteilt. »Natur«, so Bettine, »dein Kuß spricht in meine Seele hinein.« (G 273)

9 Gotische Kirchenruine. Gemälde von Karl Blechen, 1826

Einen tiefen Eindruck hinterläßt auch die alte Gärtnerin, die lange Jahre den Rosmarin pflegt, den man ihr dann aufs Grab pflanzt. »(S)ie war achtzig Jahre alt, und der Tod berührte sie sanft, während sie Absenker von ihren Lieblingsnelken machte, da hockte sie am Boden und hielt die Pflanzen in der Hand, die sie eben einsetzen wollte; ich war der Vollstrecker ihres Testaments, denn ich nahm die Pflanzen aus der erstarrten Hand und setzte sie in die frisch aufgewühlte Erde, ich begoß sie mit dem letzten Krüglein Wasser, was sie am Madlenenbrünnchen geholt hatte, die gute Schwester Monika! Wie

Ein Exemplar ihres 1835 veröffentlichten Werkes ›**Goethes Briefwechsel mit einem Kinde**‹ hat Bettine dem Kloster zu Fritzlar zukommen lassen. Dessen Inhalt – zumal die Verehrung des »Heiden« Goethe – wurde als so anstößig empfunden, daß man es verbrannte.

schön wuchsen diese Nelken! Dunkelrot waren sie und groß.« (514)

Vom Blümchen
Ich weiß ein Blümchen stehen,
Der helle Tau liegt drauf,
Ich tat es nimmer säen,
es ging von selber auf.

Doch pfleg ich's als mein eigen
Mit Sorge und mit Lust,
Mit Singen und mit Schweigen
Aus voller Herzensbrust.

Es blühet still verborgen,
Es weiß kein Mensch darum,
Der Tau nur alle Morgen,
Die Sonne mittags stumm.

Braucht auch kein Mensch zu
wissen
Wo dieses Blümchen steht;
Doch tut der Duft euch küssen,
Der stille von ihm weht.

Gedicht des Pamphilius aus ›Ilius Pamphilius und die Ambrosia‹, A 423

Am 9. März 1797 stirbt Bettines Vater, der die treibende Kraft für die katholische Erziehung seiner Töchter war. Im gleichen Jahr wird Fritzlar von den vorrückenden napoleonischen Truppen besetzt. Bettines Halbbruder Franz, der nun ihr Vormund ist, entschließt sich, sie gemeinsam mit den beiden Schwestern aus der Klosterschule zu nehmen. Die Töchter Brentano werden von der wohlmeinenden Priorin mit mahnenden Worten in die böse Welt entlassen, in der – zumal für kleine Mädchen – das Unheil allerorten, ja bisweilen sogar in großmütterlicher Gestalt droht: »Sie schärfte uns ein, ja nicht den katholischen Glauben zu verlassen, wenn wir zu unserer Großmutter kommen, die eine lutherische Dame sei, sondern wir sollten alles dran wenden, sie zu bekehren. Sie sagte das mit so viel Herzenswärme, ich hätte ihr die Hand drauf geben wollen, aber ich wußte nicht, was katholisch sei.« (G 257) Bettines Bildungslücke läßt sich leicht aus den offenbar mit System verschlafenen Predigten erklären. Also bleibt die Großmutter evangelisch und die Enkelin für die reine katholische Lehre verloren. Den Missionsaufruf der Priorin hat Bettine ausgeschlagen. Den Blumenableger hingegen, den sie der to-

Religion hängt nicht von gemischten Ehen, von Ablaß, von Religionswechsel, von sonstigen Gebräuchen und Mißbräuchen ab, sie hängt ab und geht aus von der Befriedigung der inneren Gewissenstimme, die immer höher sich steigert, je mehr sie sich geltend macht, die immer gewaltigere Tiefen dem Forscher nach Weisheit bietet, die immer höhere Flüge wagt ins ungemeßne Gebiet der Freiheit, die immer erweiterte Kreise der Großmut bildet, nichts von Eigensucht weiß, sich keine Fesseln anlegen lässet.

A 577

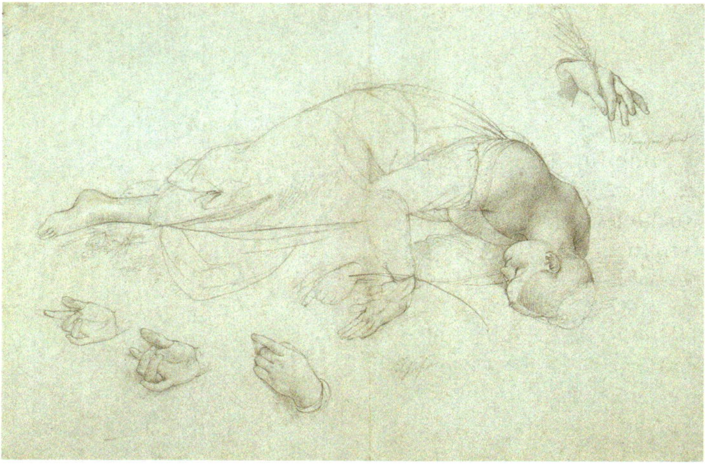

10 Studie zur hl. Cäcilie. Zeichnung von Johann Scheffer von Leonhardshoff, 1820/1821

ten Nonne aus der Hand nahm und in den Klostergarten setzte, scheint sie auch in ihr Herz gepflanzt und mit sich ins Leben getragen zu haben. »Dies Klosterleben«, schreibt sie in ›Clemens Brentanos Frühlingskranz‹, »hat Knospen in mir angesetzt, Ahnungen, die zur Wahrheit müssen reifen.« (FK 74)

Clemens Brentano wird im Gegensatz zu seiner Schwester Bettine auf seine alten Tage hin wieder **gut katholisch** und ein glühender Verehrer der stigmatisierten Anna Katharina Emmerich. »Er geht«, so Bettine im August 1823 an ihren protestantischen Ehemann Achim von Arnim, »von Frankfurt aus wieder nach Dülmen zu seiner Nonne, von dir spricht Clemens mit Begeisterung, weil die Nonne behauptet, dich fortwährend en vision zu haben, und dem Clemens die feste Versicherung gegeben hat, du würdest katholisch.« (B1, 400)

Bei der Großmutter

Ende Juli 1797 kommt Bettine gemeinsam mit ihren beiden Schwestern nach Offenbach zur Großmutter Sophie von La Roche (1731–1807), der Autorin der 1771 erschienenen, von ihrem Jugendfreund Christoph Martin Wieland herausgegebenen ›Geschichte des Fräuleins von Sternheim‹. Der Briefroman wurde anonym veröffentlicht, da den Zeitgenossen nicht ohne weiteres zumutbar war, daß dieser von einer Frau stammte. Bald schon aber wurde der Name der Autorin bekannt. Der erste empfindsame Roman einer Frau erregte sodann großes Aufsehen und wirkte als Vorbild für unterhaltsame Frauenliteratur auch in den folgenden Epochen nach. Die ›Geschichte des Fräuleins von Sternheim‹ schildert die Irrungen und Wirrungen der tugendhaften Heldin, das Leiden und Unrecht, das ihr durch die Nachstellungen schurkischer Adliger widerfährt, und letzlich dann doch die Einschiffung in den sicheren Hafen der Ehe, wo sie als vorbildliche Gattin und Mutter wirkt. Seit dieser Zeit ist Sophie von La Roche eine literarische Berühmtheit und im regen Austausch mit den Geistesgrößen ihrer Zeit. Durch ihren in pädagogischer Absicht (»Üb immer Treu und Redlichkeit!«) verfaßten Roman und die Herausgabe

11 Sophie von La Roche wurde in Kaufbeuren (Allgäu) geboren und wuchs in pietistischem Umfeld auf. Das Mädchen war hochbegabt und konnte bereits mit drei Jahren lesen. Jakob Brucker, Seelsorger und Philosophiehistoriker, bot sich an, Sophie in Latein zu unterrichten. In einem Brief aus dem Jahr 1771 erinnert sie sich: »Mit dreizehn Jahren wollte der große Brucker meine Erziehung und Bildung meines Geistes besorgen. Ich bat meinen Vater auf Knien um die Einwilligung, aber er wollte nicht, und meine empfindungsvolle Mutter bereicherte nur mein Herz, in welches alle Geschäftigkeit meines Geistes übergetreten ist.«

der Zeitschrift ›Pomona. Für Teutschlands Töchter‹ gilt sie als Erzieherin der weiblichen Jugend zu Sitte und (bürgerlichem) Anstand. Sophie, die in ihrer Jugend sehr darunter litt, daß eine tiefergehende Ausbildung von Mädchen nicht in Betracht kommt, fordert in ihren Schriften immerhin ein Mindestmaß an weiblicher Bildung. Dies freilich nicht zum Selbstzweck. Gelehrsamkeit von Frauenzimmern läßt die Chancen auf dem Heiratsmarkt dramatisch sinken und ist daher auch der Frau von La Roche ein Graus. Bildung erfolgt vielmehr in Hinblick auf die einzugehende Ehe, in der die Mädchen zu angenehm unterhaltsamen Gattinnen ihrer Männer werden sollen.

Der Geist von Gefühlig- und Biederkeit hat sich rasch überlebt, so daß Goethe nach seinem Besuch von 1797 entnervt bemerkt: »Gestern war ich in Offenbach bei Frau von La Roche; sie hat mich mit ihren sentimentalen Sandsäckchen so gebläut, daß ich mit dem größten Mißbehagen wieder fort fuhr und beinahe die herrliche Gegend nicht gesehen hatte. Es ist schrecklich, was eine bloße Manier durch Zeit und Jahre immer unerträglicher wird.« (Pü 31f.)

»Die Großmama hat eine tiefe Seele – andre nennen's Empfindsamkeit« (G 339), schreibt Bettine. Sophie von La Roche ist für sie nicht die berühmte Schriftstellerin, deren Werk inzwischen als etwas altbacken gilt, sondern vor allem anderen die heißgeliebte Großmutter.

Sie »nannte mich ›Tochter ihrer Max, Kindele, Mädele‹, ringelte mein Haar, während sie sprach, erzählte im schwäbischen Dialekt, was sie nur in heiterer Weichherzigkeit tut und einem Ehrfurcht mit ihrer Liebenswürdigkeit einflößt.« (G 348) Offenbar ist »heitere Weichherzigkeit« die Grundhaltung der Großmutter gegenüber ihrer Enkelin. Fast immer, wenn sie zu ihr spricht, fällt sie ins Schwäbische. »Wie du, kleines Mädele« (199), vermerkt sie erstaunt angesichts Bettines Abson-

---

Unter **Empfindsamkeit** versteht man eine Epoche der deutschen Dichtung (ab etwa 1740 bis ca. 1780), die gleichzeitig zur Aufklärung gehört und als deren Gegenpol den Bereich der Gefühle und des innerseelischen Erlebens betont. Insbesondere das Gedankengut des Pietismus (protestantische Bewegung der mystischen Innerlichkeit) findet in säkularisierter Form Eingang. Dem Geist der Epoche entspricht das Aufblühen der Gattung des Briefromans, der die Möglichkeit zur Reflexion über individuelle Empfindungen und hehre Gefühle bietet.

Seltsam, während die Laroche die geistige Ahnfrau jener süßlichen Frauengeschichten geworden, ist sie, wie zur Buße, zugleich die leibliche Großmutter eines völlig anderen genialen Geschlechts und nimmt sich dabei wie eine Henne aus, die unverhofft Schwäne ausgebrütet hat, und nun verwundert und ängstlich das ihr ganz fremde Element umkreist, auf welchem diese sich wiegen und zuhause sind.

Eichendorff über Sophie La Roche und ihre Enkel, Clemens und Bettine Brentano

derlichkeiten, was sich bis zum Ausruf: »Geh, schlaf aus, du bist e närrischs Dingle« (258) steigern kann. Hiermit ist freilich der äußerste Grad an großmütterlicher Strenge erreicht. Sophie von La Roche schüttelt den Kopf, und ihre Enkelin macht weiter wie gehabt.

Die Großmutter schwäbelt im übrigen nicht nur mit Bettine, sondern auch, wenn sie im Garten beschäftigt ist: »Ei, kleins Ästele, wo willst du hin« (198), sagt sie zu den frischen Trieben an der Geißblattlaube. Als die Pappeln an der Grenze des Gartens abgesägt werden, ist die alte Frau todunglücklich und die Enkelin überzeugt, daß man dies hätte verhindern müssen: »Alles Erhabene und Schöne ist Eigentum der Seele, die es erkennt, und durch die Erkenntnis ist sie schutzverpflichtet.« (339) Die diesen Worten Bettines zugrundeliegende Lehre des zärtlichen Respekts vor allem Geschaffenen stammt gleichermaßen aus dem Kloster wie von der Großmutter und wird – zu diesen wie zu allen Zeiten – vor allem durch das tätige Vorbild, nicht aber durch belehrende oder mahnende Worte vermittelt.

Im Kloster hat Bettine die typische Mädchenbildung erfahren. Sie lernt Lesen und Rechnen, wird in musischen Fächern (Musik und Zeichnen) ausgebildet und insbesondere auf ihr künftiges Hausfrauendasein vorbereitet. Bei der Großmutter wird – wie auch später in Frankfurt – der Unterricht unsystematisch durch Privatlehrer fortgesetzt. Bettine erhält Geschichts-,

Zeit ihres Lebens bleibt Bettine den Kunstformen **Musik** und **Zeichnen** eng verbunden, zumal dies dem romantischen Ideal der Einheit der Künste, der Forderung nach deren wechselseitiger Durchdringung entspricht. So sind auch Kompositionen (Vertonungen zeitgenössischer Gedichte) Bettines überliefert, die freilich nicht ihr literarisches Niveau erreichen. Weiter widmet sie sich dem Zeichnen. Ihr ehrgeizigstes Projekt stellt der Entwurf eines Goethedenkmals dar, das den Genius verherrlichen soll, wobei Bettine selbstbewußt die Gestalt der Psyche (d. h. die den Dichter inspirierende Kraft) als Hinweis auf sich selbst hinzufügt.

12 Knabe mit Eule. Zeichnung von der Hand Bettines, 1837

Sprach- und Musikstunden sowie rudimentären Unterricht in den Naturwissenschaften. Wer allerdings Bettines literarische Rückblicke auf ihre Kindheit liest, wird kaum etwas über ihre Lernerfolge erfahren, eher schon darüber, wie man sich mit Erfolg vor dem Lernen drückt.

Unangefochtener Spitzenreiter auf Bettines persönlicher Unlustskala ist der »Geschichtskot der Langenweil«, in dem von großen Männern, Taten und Schlachten, d.h. von Geschichte als »Mordlitanei« (158) berichtet wird. »Die Geschichte Ägyptens ist in den ersten Zeiten dunkel und ungewiß«, doziert der Lehrer. »Das ist ein Glück, sonst müßten wir uns auch noch darum kümmern« (121), erhält er zur Antwort, die wohl das Ende all seiner pädagogischen Hoffnungen beschreibt. Ebenso ist die Beschäftigung mit Philosophie Bettine – aufgrund der hiermit verbundenen Gefahren für die Gesundheit – nicht zumutbar: »Du habest aus überreiztem Widerwillen gegen die Philosophie starkes Erbrechen gehabt, daraus sich ein galliges Nervenfieber gebildet habe« (83), läßt sie ihre Freundin Günderode berichten. Der Großmutter zuliebe beginnt sie, Latein zu lernen, »obschon die Sprache

---

Am 19. März 1827 schreibt Bettine Achim von Arnim über den gemeinsamen Sohn Siegmund, der **vier Blätter Latein auswendig zu lernen hat** und den sie »fortwährend den höllischen Unsinn« repetieren hört. Sie berichtet weiter, »wie er in Tränen des Unmuts ausbrach, daß es ihm nicht gelang, es Wort für Wort herzusagen; in der Schule brachte ihm diese vergebliche Marter nur soviel zuwege, daß ihm der Ordinarius mit trockenen Worten sagte, er passe nicht in die Schule, welches ihn ganz mutlos machte, besonders wegen dir; er sprach mir den ganzen Abend mit Tränen davon, wie du gewiß ganz andere Erwartungen

Sie schrieb mir in ihren ersten Briefen, sie lernte fleißig, läse alle Tag 2 Stund morgens, 2 nachmittags die alten Geschichtsschreiber.« (AM 25)
Bettines Bruder Christian an Savigny, der sich zeitweise um den Unterricht Bettines kümmert und zu studierende Werke empfiehlt, November 1804

nichts enthält für Mensch und Vieh, sie ist hölzern und eingebildet, mit einer Wohlbeleibtheit, die in ihrer langen Toga sich auf den Bauch schlägt, um auf ihre Würde anzuspielen« (FK 21f.). Auch hier sind keine weiteren Fortschritte zu erwarten. Bettine im Unterricht ist Bettine im Widerstand.

In den Briefen aus der Kinder- und Jugendzeit schreibt Bettine hingegen, was alle braven Kinder schreiben, nämlich daß sie fleißig lerne – was stimmen mag oder auch nicht. Wiederum überarbeitet Bettine ihre Jugenderinnerungen, indem sie den Widerwillen des Kindes aufgreift. Sodann holt sie – inzwischen hat sie ihre eigenen Kinder vor Augen, die sich mit dem Lernen quälen – lustvoll zum Rundumschlag in Sachen Bildung aus.

Von sich selbst behauptet sie, dumm und unbegabt zu sein. Bei ihr handelt es sich eben – ist der Ruf erst ruiniert, lebt es sich ganz ungeniert – um einen hoffnungslosen Fall: »Ich bin so froh, daß ich unbedeutend bin, da brauch ich keine gescheute Gedanken mehr aufzugablen.« (G 103) Im Jahr 1839 unterzeichnet sie einen Brief an die Brüder Grimm mit den Worten: »Adieu! ich bin so dumm und so vergnügt.« (Gr 79) Offenbar ist diese Art von Dummheit der guten Laune nicht abträglich – ganz im Gegenteil. Allemal klingt das Motiv der Narrenfreiheit an, wobei Bettine ihre Freiheit so wichtig ist, daß sie erhobenen Hauptes die Narrenkappe trägt.

An Savigny sendet Bettine »einen treuen Bericht von meinem Lernen ..., welches ich denn um so lieber tue, da ich gewiß weiß, daß mein Fleiß und Eifer viel Freude machen wird« (26).

von ihm hegtest.« (B2, 661f.) »Glaubst du denn, daß Siegmund, der vor ein paar Seiten Latein, die er auswendig lernen soll, zurückbebt, irgend etwas anderes gründlich lernen wird« (665), entgegnet Achim. Bettine allerdings zeigt keine Bereitschaft, die Kinder weiter unter Druck zu setzen: »Was mich anbelangt, so habe ich keine Ambition, daß sie bedeutend werden sollen, denn es ist nicht der Rede wert, was einer mehr begreift, wie der andre, vor Gott spielen wir alle das Spiel, daß wir mit verbundnen Augen auf einer geraden Linie zu gehen glauben; Gott allein sieht, daß wir schief gehen.« (720)

Daß Bettine, die stolz die Fahne der Dummheit vor sich herschwenkt, in Wahrheit hochgebildet ist, daß die erklärte Antiphilosophin ihr Werk vielfach mit philosophischen Betrachtungen durchwebt, steht also nur scheinbar im Widerspruch. Die vehemente Bildungsfeindin wird sich im weiteren als passionierte Vertreterin eines konkurrierenden Bildungskonzeptes erweisen.

Konventionelle Bildung hingegen gilt ihr als »Qualm von Hyperklugheit« und folglich »Philistergeist« (G 110). »Alles, was man lernen muß, hüllt den Verstand in eine Nebelkappe, daß die Wahrheit uns nicht einleuchtet« (257), schreibt Bettine angesichts eines lügenhaften Zeitgeistes, der alles in sein Geflecht zu verstricken sucht. Lernen erzeugt für Bettine Konformität des Denkens. Entsprechend weist das literarische Kind souverän die Bildungsansprüche der Gesellschaft als Versuche, es nach den Vorgaben des Zeitgeistes zu (ver-)bilden, zurück. Im Bild vom wurzellosen Pflänzchen freilich läßt sich noch die Not des realen Kindes spüren, seine Ambivalenz und Angst: »Mein Kopf ein Feld, das brachliegt – ich wandle zwischen Hecken, seh jede Erdscholle benutzt, der Salatkopf in der Mitt, die Bohnenstangen oben drüber, und mir bangt, daß ich nicht angepflanzt bin; ich denk, daß du [die Günderode] dir Müh gibst mit mir, daß es nichts hilft. Nachts denk ich als, wenn die Sonn aufgeht, will ich lernen; am Tag wollt ich, die Nacht käm doch, daß ich allein wär und könnt mich selbst verstehen, ich armes Käuzlein kleine.« (156) Noch stärker als das Gefühl der Wurzel- und Heimatlosigkeit ist die Sorge, ins falsche Erdreich eingepflanzt zu werden. Wem dies geschieht, der muß verkümmern – kleine Pflänzchen nicht anders als kleine Kinder. Hier Angst zu haben, ist also nur allzu berechtigt.

Sophie von La Roche hat weitreichenden Einfluß auf ihre Enkelin genommen. Sie bringt sie mit der empfindsamen Li-

---

Auf seiner berühmten **italienischen Reise** wandte **Goethe** sein Interesse nicht nur den Kulturdenkmälern der Antike, sondern auch bedeutend jüngeren Sehenswürdigkeiten zu. »Laß dich, Geliebte, nicht reun, daß du mir so schnell dich ergeben! Glaub' es, ich denke nicht frech, denke nicht niedrig von dir«, heißt es in den ›Römischen Elegien‹. Derlei Textstellen mußten das äußerste Mißfallen der Frau von La Roche erregen.

teratur in Kontakt, macht Bettine ihre umfangreiche Bibliothek zugänglich. Weit wichtiger allerdings wird das persönliche Beisammensein mit der Großmutter, die gemeinsamen Gespräche und das sich gegenseitige Vorlesen gewesen sein. Zahlreiche Geistesgrößen verkehren bei Frau von La Roche. Bettine erfährt hier eine frühe Erziehung zur Geselligkeit und somit eine Art des Lernens, die sich nicht über Bücher, sondern von Mensch zu Mensch vermittelt.

Die konservative Großmutter steht für Sitte und Anstand und ist natürlich (französische Emigranten gehen bei ihr ein und aus) eine erklärte Gegnerin der Französischen Revolution. Wieland, Schiller und Herder gehören zu ihren auch der Enkelin anempfohlenen Lieblingsautoren. Das Werk Goethes allerdings hält sie unter sittlich-moralischen Aspekten für bedenklich.

Wichtige neue Impulse erhält Bettine von ihrem neunzehnjährigen Halbbruder Clemens Brentano, den sie im Oktober 1797 als Zwölfjährige kennenlernt. Er macht sie mit dem Werk Goethes bekannt, empfiehlt die Lektüre des ›Wilhelm Meister‹, die Bettine begeistern wird. Sophie von La Roche kommt freilich zu Ohren, daß er seiner kleinen Schwester »aus philosophischen Gründen die Gleichgültigkeit gegen Ordnung, Fleiß und anständiges Betragen« (Bä 7) gepredigt habe, was ihm einen großmütterlichen Verweis einträgt. In der Tat hat Clemens Bettine

13 Clemens Brentano. Gemälde von Emilie Lindner, um 1837

Alles Bettine! dem liebend dein
schaffender Geist sich genährt,
Was deine segnende Hand, was
dein Gedanke berührt,
Blühet schöner ein Freiheit
verklärendes Leben.
Clemens Brentano

in die Welt der Frühromantik eingeführt und deren revolutionäre Ideen den konservativen Werten der Großmutter entgegengestellt. Bettine verdankt ihrem Bruder viel. Dennoch ist ihr Verhältnis zu Clemens – wie sich noch zeigen wird – nicht von Ambivalenzen frei.

Anders die Beziehung zur Großmutter, die von den alten Zeiten erzählt und natürlich von Maximiliane, ihrer früh verstorbenen Tochter: »Sie sprach viel von der Mama, von ihrer Anmut und feinem Herzen, sie sagte: Alles, was ihr Kinder an Schönheit und Geist teilt, das hat eure Mutter in sich vereint; und dann hat sie zu sehr geweint, um von ihr weiter zu sprechen.«

Sophie von La Roche gibt Bettine das, was sie zu diesem Zeitpunkt am meisten braucht: einen von zärtlicher Sorge umgrenzten Rahmen, in dem sie die wilde Enkelin – Sitte hin und Anstand her – springen läßt. Bettine dankt es ihr mit dem liebevollen Bild, das sie von der Großmutter zeichnet; »mit ihren großen silberweißen Locken ihr ums Gesicht spielend, in dem langen schwarzen Grosde-Tours-Kleid mit langer Schleppe, noch nach dem früheren Schnitt, der in ihrer Jugendzeit Mode war, lange Taille mit einem breiten Gurt. Ei, wie fein ist doch die Großmama, alle Menschen sehen gemein aus ihr gegenüber; die Leute werfen ihr vor, sie sei empfindsam, das stört mich nicht.« (G 197) Wie könnte es auch? Schließlich ist es das eherne Recht aller Großmütter der Welt, etwas altmodisch zu sein.

Romantik, Vernunft und Aufklärung

Romantik steht heute für Gefühl, weswegen sich Besucher der Verfilmung einer romantischen Liebesgeschichte vorsorglich mit einem Päckchen Taschentücher rüsten sollten. Gewisse

»Mädele, was starrst, – sollt man glauben, du wärst außer der Welt entrückt.« – Ich fuhr auf – da lacht sie. – »Gutes Kind, wo bischt? – bischt beim Schutzengel?« – und zieht meine Hand an ihre Brust – »so sagen die Schwaben, wenn einer so in sich verstummt«.

G 136

Situationen des Lebens sind romantisch, wie eigens für diesen Zweck produzierte CDs »Für romantische Stunden« belegen. Auch Orte sind romantisch und werden deshalb bevorzugt zur Urlaubszeit von Scharen erholungsgewillter Touristen besucht. Wer sich allerdings von romantischen Vorstellungen leiten läßt, verkennt die Realitäten des Lebens. Unverbesserliche Romantiker sind weltfremde Träumer und hierin den Utopisten sowie den zwischenzeitlich etwas außer Mode geratenen Weltverbesserern verwandt. Außerhalb der romantischen Nischen gerät der Begriff »Romantik« zum Synonym für Irrationalität – ein Urteil, das oft genug auch auf die Epoche der Romantik übertragen wird.

Gerade die neuere Forschung betont allerdings, daß insbesondere die Frühromantiker nicht in Opposition, sondern in Kontinuität zu der ihnen vorangehenden Epoche der Aufklärung stehen. »Ein grobes Mißverständnis wäre es«, so Lothar Pikulik (›Die Frühromantik‹), »sie vernunftfeindlich zu nennen. Sie bekämpfen nur jene Haltung, die es sich an der platten Oberfläche des Daseins genug sein läßt.«

Nicht der Rationalität an sich, sondern dem Rationalismus gilt die frühromantische Kritik, d. h. einer mechanistischen Welterklärung, die glaubt, alles auf das Kausalitätsprinzip zurück-

14 George August Wallis: ›Das Heidelberger Schloß unterm Regenbogen‹, 1812

Es ist gleich tödlich für den Geist, ein System zu haben, und keins zu haben. Er wird sich also wohl entschließen müssen, beides zu verbinden.

Friedrich Schlegel, ›Athenäums‹-Fragmente

führen zu können. Nach Adornos grundlegender Analyse (›Die Dialektik der Aufklärung‹) gerät die entmystifizierende Weltsicht der Aufklärung selbst zum Mythos, der eine universell erklär- und folglich verfügbare Welt zum Inhalt hat. »Die unendliche schöpferische Musik des Weltalls« ist, so Novalis (›Die Christenheit oder Europa‹) über den alles profanisierenden Zeitgeist »zum einförmigen Klappern einer ungeheuren Mühle« geworden.

Das beginnende industrielle Zeitalter denkt sich die Welt als Weltmaschine, die mit dem Instrument der Vernunft analysier- und bedienbar ist. Vor allem das aufstrebende Bürgertum verflacht das Prinzip der Vernunft zur »Lehre von der alleinseligmachenden Nützlichkeit« (Eichendorff), denn die Entzauberung der Welt erfolgt nicht zuletzt unter dem Gesichtspunkt ihrer Ausbeutbarkeit. Gerade hier wird das subversive Potential romantischen Querdenkens deutlich, das Ludwig Marcuse dazu bewegt, von einer »progressiven Romantik« zu sprechen und Novalis jenen Denkern zuzurechnen, die »die Aufklärer aufklärten«.

Frühromantisches Denken ergänzt aufgeklärtes Wissen um all das, was eine herrsch- und profitsüchtige Vernunft als Unvernunft ausgrenzt: das Gefühl, den Traum, die Sehnsucht, die Phantasie, die Poesie und neue Formen der Frömmigkeit. In letzter Konsequenz geht es also um die Ganzheit des Menschen (und seiner Welt), d. h. um die Überwindung der Spaltung in die Bereiche des sogenannten Rationalen und Irrationalen: »Klarer Verstand mit warmer Fantasie verschwistert ist die echte, gesundheitsbringende Seelenkost« (Novalis, ›Fragment‹, 1799).

Je mehr man schon weiß, je mehr hat man noch zu lernen. Mit dem Wissen nimmt das Nichtwissen in gleichem Grade zu, oder vielmehr das Wissen des Nichtwissens.

Friedrich Schlegel, ›Athenäums‹-Fragmente

Die Klettermaxin

»Auch im Geist kann man sich versteigen, mein Kind‹, sagte (die Großmutter) und erzählte mir die Geschichte des Kaisers Max auf der Martinswand; sie sagte: ›Die Engel sollen ihn da wieder heruntergetragen haben, aber nicht immer sind diese bereit, wenn man sich so mutwillig versteigt.‹ – ›Was brauch ich denn herunter, liebe Großmama, wenn ich mich oben erhalten kann? – könnte ich denn nicht auch ein Wolkenschwimmer werden?‹ – ›Kind meiner Max‹, sagte sie, ›was hast du vor wunderliche Gedanken.‹« (FK 122f.)

So lautet der denkwürdige Dialog zwischen der besorgten Großmutter und ihrer absonderlichen Enkelin. Bettine, die Wolkenschwimmerin, schwebt im Reich der Phantasie und Träume. Ihren Wohnsitz scheint sie auf Bäumen, Bergen, Felsen und Türmen genommen zu haben, so jedenfalls der Eindruck, den man bei der Lektüre ihrer Jugenderinnerungen gewinnt. Ein Zwang, sich zu bewegen, ein schier unüberwindbarer Drang in die Höhe, treiben sie. Wo freilich das literarische Kind munter durchs Leben springt, behend und leichtfüßig alle Arten von Gipfeln erstürmt, fällt das reale Kind durch seine schier unerträgliche Unruhe auf: »Als ich das erste Mal nach Frankfurt kam, war sie ein kurzes untersetztes wildes Mädchen, die jüngste und am wenigsten angenehme Enkelin der Frau von La Roche. Sie wurde stets als ein grillenhaftes unbehandelbares Geschöpf angesehen. Ich erinnere mich, daß sie auf Apfelbäumen herumkletterte und eine gewaltige Schwätzerin war« (AM 13), schreibt ein englischer Reisender. »Solche Lebhaftigkeit, solche Gedanken- und Körper-

Meine Augen sind groß und braun, etwas heller als dem Clemens seine, und ich habe einen kleinen hübschen roten Mund, sonst habe ich rote Farbe, aber jetzt bin ich sehr braun gebrannt, überhaupt bin ich sehr garstig. (5, 249)

Brief an Friedrich Carl von Savigny, 1801

sprünge (denn sie sitzt bald auf der Erde, bald auf dem Ofen), so viel Geist und so viel Narrheit ist unerhört« (Kat 14), vermerkt Wilhelm von Humboldt, der Bettine wenige Jahre später in München kennenlernt.

Springen, Hüpfen, Klettern, Tanzen sind ihre bevorzugten Fortbewegungsarten und natürlich Fliegen, letzteres fatalerweise nur im Geist: »O Jammer, daß ich nicht fliegen kann.« (GB 160) Wird ihr der Boden unter den Füßen zu heiß? Bettine, der Luftikus, scheint nichts mehr zu fürchten, als auf dem Boden der Tatsachen zu landen. Bewirkt die Furcht, fremdbestimmt und von gesellschaftlichen Normen festgenagelt zu werden, den eminenten Bewegungsdrang? In frühen Zeugnissen ist jedenfalls nicht von heiterer Ausgelassenheit, sondern von Traurigkeit als Grund der Unruhe die Rede: »(D)enn mich befiel oft eine unerträgliche Trauer, daß ich nicht an einer Stelle vermögend war zu bleiben.« (MP 114)

Allmählich kommt sie in ein Alter, in dem man sich in die Realitäten des Lebens zu fügen hat. Bettine allerdings bringt sich erst einmal auf der nächstbesten Höhe in Sicherheit: »Die Mitternacht, die böse Stunde der Geister weckt mich; ich leg' mich im kalten Abendwind ans Fenster; ganz Frankfurt ist tot, der Docht in den Straßenlaternen ist im Verglimmen, die alten rostigen Wetterfahnen greinen mir was vor, und da denk' ich: ist das die ewige Leier? – Und da fühl' ich, daß dies Leben ein Gefängnis ist, wo ein jeder nur eine kümmerliche Aussicht hat in die Freiheit: das ist die eigne Seele. – Siehst du, da rast es in mir; ich möchte hinauf über die alten spitzen Giebeldächer, die mir den Himmel abschneiden; ich verlasse das Zimmer, eile über die weiten Gänge unseres

15 Karl Friedrich Schinkel: ›Bildnis seiner Tochter Marie‹ (1816).

Hauses, suche mir einen Weg über die alten Böden, und hinter dem Sparrwerk ahne ich Gespenster, aber ich achte ihrer nicht; da suche ich die Treppe zum kleinen Türmchen, wenn ich endlich oben bin, da seh' ich aus der Turmluke den weiten Himmel und friere gar nicht; da ist mir's, als müsse ich die gesammelten Tränen abladen, und dann bin ich am anderen Tag so heiter und so neugeboren.« (GB 162)

Die Höhe tröstet, denn hier läßt sich's frei atmen. Aber auch der Weg in die Höhe ist lehrreich, so daß Bettine in ihrem Werk ›Günderode‹ ein pädagogisches Kletterprogramm entwirft: »(S)olche Übungen, die einem die Natur lehrt, sind Vorbereitungen für die Seele, alles wird Instinkt, auch im Geist, er besinnt sich nicht, ob er soll oder nicht, es lehrt ihn das Gleichgewicht halten wie im Klettern und Springen, es entwickelt eine Kraft, die degagiert und detachiert; das heißt: das Sehnen nach einem Pfeiler, sich in der Welt anzulehnen, oder nach einem Stock, um weiterzukommen, wird einem lächerlich; bald merkt man, daß man auf ziemlichen Wegen recht gut allein gehen kann, und auf steilem Pfad läßt sich durch Übung große Freiheit erwerben.« (G 374)

Kletterer sind kühn und mutig. Sie lernen ihre Angst zu überwinden und auf sich selbst zu vertrauen. Kletternd erfährt man seine eigene Kraft und daß auch schwierige Pfade zu bewältigen sind. Beim Klettern werden Körper und Geist

Ich steh auf hohem Balkone am Turm,
Umstrichen vom schreienden Stare,
Und laß gleich einer Mänade den Sturm
Mir wühlen im flatternden Haare;
O wilder Geselle, o toller Fant,
Ich möchte dich kräftig umschlingen
Und, Sehne an Sehne, zwei Schritte vom Rand
Auf Tod und Leben dann ringen!

Wär ich ein Jäger auf freier Flur,
Ein Stück nur von einem Soldaten,
Wär ich ein Mann doch mindestens nur,
So würde der Himmel mir raten;
Nun muß ich sitzen so fein und klar,
Gleich einem artigen Kinde,
Und darf nur heimlich lösen mein Haar
Und lassen es flattern im Winde!

Aus Annette von Droste-Hülshoff, ›Am Turme‹

16 ›Der Uttenwalder Grund‹ von Caspar David Friedrich, um 1800

geschmeidig. Man lernt, auf die innere Stimme zu hören. Geübte Kletterer lassen sich nicht so leicht von ihrem Weg abbringen, mögen die anderen auch behaupten, daß er gefährlich, ja nicht begehbar sei. Der Berg ruft, sagt man, doch ist es nicht in Wahrheit der Ruf nach Freiheit, der in die Höhe treibt? Die Klettermaxin jedenfalls verläßt nicht nur den realen Boden, sondern auch den Boden der Wirklichkeit und trotzt kletternd einer Realität, in die sie eingebunden werden soll. Sie bekennt, »daß ich's mit Klettern zu zwingen suche, mich vor bösen Fallstricken zu bewahren, die meinen Geist niederwerfen, um ihn nachher zu knebeln.« (377)

Die Klettermaxin kämpft um Selbstbestimmung und Freiheit, die Großmutter hat Angst, daß sie sich versteigt. Der Berufswunsch »Wolkenschwimmerin« mag für ein Kind noch angehen, aber was wird aus der jungen Frau? Die Angst der Großmutter ist so unberechtigt nicht. Kletterer können auch abstürzen. Bettine gilt als »Hauskobold« (169), hat »Anlagen zum Veitstanz« (170), zu aller Art von Narretei. Bisweilen gebärdet sie sich wie eine Verrückte und will – gleich und gleich gesellt sich gern – zum verrückten Hölderlin reisen. Man läßt sie nicht: »Wahnsinn steckt an.« – »Ja«, so eine Freundin der Familie mit einem Seitenblick auf Bettine, »besonders wenn man so viel Anlage hat.« (171)

Im ›Goethebuch‹ beschreibt Bettine, wie sie sich als Kind mit einem Reh anfreundet, das im Nachbargarten hinter einer Umzäumung lebt:
Es läuft hin und her an der Bretterwand und seufzt, ich mache ihm eine Öffnung, wo es den Kopf durchstecken kann. Der Winter hat alles mit Schnee bedeckt, ich suche ihm Moos von den Bäumen: wir kennen uns, wie schön sind seine Augen; welch tiefe Seele schaut mich aus diesen an, wie wahr, wie warm! Es legt gern den Kopf in meine Hand und sieht mich an, ich bin ihm auch gut, ich komme, sooft es mich ruft; in den kal-

Auch ein so seltsamer Vogel wie Bettine kann auf Dauer nicht oberhalb der Realität leben. Das Kind hat sich in die Welt des Traums gerettet: »(U)nd was Traum war, muß mit der Wirklichkeit vermählt werden« (426) – fügt die Literatin hinzu. Es gilt also aus der Höhe herabzusteigen, um den Traum von einem besseren Leben in die Welt zu tragen und dort zu verwirklichen. Bettine, die reife Frau, wird diesen Weg einschlagen. Die junge Bettine allerdings bekommt erst einmal keinen Fuß auf den Boden. »Was du mehr in dir fühlst als das gewöhnliche Bravsein, dafür hat die arme Welt ja doch keine Ordnung« (FK 11), heißt es im ›Frühlingskranz‹, denn einen Ort in der Gesellschaft für Mädchen von der Art Bettines gibt es eben nicht. Ihr ist ein Leben als Ehefrau bestimmt, und der Zeitgeist ist so mächtig, daß er noch nicht einmal die Idee einer Alternative aufkommen läßt.

In einem Brief an ihren Bruder Clemens aus dem Jahr 1809 sind es nicht nur die sie umgebenden Menschen, die sie »für ungezogen, für bizarr scheinen wollend, für verwirrt, ja zuweilen für sittenlos erklären«. Auch der eigene Verstand »wirft mir in einzelnen Augenblicken vor: daß ich an den Wahnsinn grenze, daß ich gegen den Strom schwimme und noch dazu alle Schleusen aufreiße«. Doch in diesem Unglück schimmert ein Fünkchen ahnender Hoffnung. Wenn einmal »eine Glut vom Himmel fällt, die die Ketten schmilzt, aber den Sklaven nicht verletzt, dann könnte es kommen, daß ich – alle einzelnen Blätter eines zurückgehaltnen Frühlings mit bedächtiger Sorgfalt entwickle … (B)is dahin werde ich unverständlich bleiben, (mir selber), nicht geachtet, wie ich es verdiene, wirklich bizarr, verloren und zerrissen.« (5, 178f.)

»Wohinaus ich will: wahrlich, das weiß ich selbst nicht« (AM 76), bekennt die junge Bettine. Sie ist sich selbst fremd, fühlt sich verloren und vor allem ohne Perspektive. Bei der

ten hellen Mondnächten hör' ich seine Stimme, ich springe aus dem Bett, mit bloßen Füßen lauf' ich durch den Schnee, um dich zu beschwichtigen … Armes Tier! Wie schaudert mich dein Geschick, und wie nah verwandt mag es dem meinen sein! Ich auch lauf' in die Runde, da oben seh' ich die Sterne schimmern, aber sie halten alle fest, keiner senkt sich herab, und von hier aus ist es so weit bis zu ihnen.

GB 531

17 Vermutlich ein Selbstportrait Bettines

Lektüre des Monologs von Goethes ›Iphigenie‹, speziell »bei den Worten: ›zu Haus und in dem Kriege herrscht der Mann‹ – da ward mir's oft klar, daß ich ein Opfer werden sollte, und daß ich die Schwingen meines Geistes nimmer entfalten würde in diesem Leben, daß auch über mich das Rad der Zeit hingehen würde und mich zermalmen, und nimmer nimmer wollt ich's dulden!« (MP 114). Sicher ist zu diesem Zeitpunkt nur eins: Sie will sich nicht gefangen geben. Also rettet sie sich auf Bäume, Berge und Türme und hängt sowohl buchstäblich als auch im übertragenen Sinne in der Luft. Ein solcher Schwebezustand will erst einmal ertragen sein. Wäre es nicht doch vielleicht besser, hinabzuklettern und sich zu fügen? Dies hieße allerdings, den Freiheitsdrang (auch wenn die Richtung noch unklar ist), das Fünkchen Hoffnung (auch wenn es noch keinen Inhalt hat) und in letzter Konsequenz, sich selbst zu verraten – »und nimmer nimmer wollt ich's dulden!« Die Klettermaxin ist ein außergewöhnlich tapferes Mädchen und harrt in der Höhe aus. Ihr Blick schweift in die leere Ferne. Was soll bloß aus ihr werden?

Nur Schritt für Schritt – das ist kein Leben,
Stets Bein vor Bein macht deutsch und schwer.
Ich hieß den Wind mich aufwärts heben,
Ich lernte mit den Vögeln schweben, –
Nach Süden flog ich übers Meer.

Vernunft! Verdrießliches Geschäfte!
Das bringt uns allzubald ans Ziel!
Im Fliegen lernt ich, was mich äffte, –
Schon fühl ich Mut und Blut und Säfte
Zu neuem Leben, neuem Spiel …

Aus Friedrich Nietzsche, ›Die fröhliche Wissenschaft‹

Im Wartestand zur Ehe

»Ich hab unlängst den *Franz* gebeten, dich nach Frankfurt zu nehmen; er täte es gern, nur macht er mancherlei Einwendungen, er begehrt, daß du der *Toni* gehorchen, reinlich, fleißig und häuslich sein sollst; das ist nun freilich in etwas gegen deinen Freiheitssinn, der in dir von der Großmutter ordentlich erzogen wurde« (FK 207), schreibt Clemens im ›Frühlingskranz‹. Bettine soll bei den Frankfurter Verwandten, ihrem Bruder und Vormund Franz, der als Nachfolger seines Vaters zu einem angesehenen Kaufmann und Bankier geworden ist, und dessen Frau Antonia in die Pflichten der angehenden Hausfrau eingeführt werden. Franz ist voller Zuversicht: »Bettine kann gut werden, wenn sie einfach und natürlich bleibt und nicht eigne Länder entdecken will, wo keine weibliche Glückseligkeit zu entdecken ist … sobald's sein kann, nimmt sie Toni zu sich und teilt ihre Zeit in Besorgung des Hauswesens und weibliche Arbeit, dieses ist einziger Balsam für Bettine« (AM 17). Im November 1802 erfolgt der Umzug nach Frankfurt. Für Bettine ist es mit dem freien Leben bei der Großmutter, also mit der schönen Jugendzeit, vorbei: »Wenn ich an Frankfurt denke, wirds mir übel«.

Bettine lebt nun in wohlgeordneten Verhältnissen, d.h. im wohlmeinenden, aber spießigen Umfeld: »Ich bin ihnen auch gut und habe sie alle recht herzlich lieb, aber die Dächer und Straßen und Langeweile und besonders mein Dortsein ist mir unerträglich.« (5, 177) Etwa ein halbes Jahr nach dem Umzug klingt auch Franz nicht mehr allzu optimistisch: »Bettine ist ein herzensgutes Mädchen, aber … leichtfertig bis ins Unbe-

Gestern entschlief ich im Wald, da sah ich im Traume das kleine
Mädchen, mit dem ich als Kind immer am liebsten verkehrt.
Und sie zeigte mir hoch im Gipfel der Eiche den Kuckuck,
Wie ihn die Kindheit denkt, prächtig gefiedert und groß.
»Drum! dies ist der wahrhaftige Kuckuck!« – rief ich – »Wer sagte
Mir doch neulich, er sei klein nur, unscheinbar und grau?«

Eduard Mörike

greifliche, sie hasset so ganz alles, was nur eine entfernte Ähnlichkeit mit sittlichem Zwang hat.« (AM 17) Bettine will weg oder wenigstens auf Reisen. »Du weißt«, so Franz, der als Vormund in Reiseprojekte einzuwilligen hat, »wie ich das Herumschwärmen von Mägden in der Welt hasse, welches in den Augen aller vernünftigen Menschen für unanständig gehalten wird.« (II 830) Bettine ist unglücklich. Es fehlt ihr eben das Talent, sich ins Unvermeidliche zu fügen und – wie es ihr angehender Schwager Savigny formuliert – sich »kleine Stuben- und Taschenhimmel zu erbauen« (Bä 22).

18 Georg Friedrich Kersting: ›Dame in einem Biedermeierzimmer‹, 1817.

Es ist nichts, du Welt, wonach ich die Hand strecke. Wär's etwas! – Auf dem Dach vom Taubenschlag die Sonne sinken sehen, das ist meines ganzen Lebens Aussicht.

FK 26

Langsam wird es Zeit, an die Verheiratung Bettines zu denken. Mitte des Jahres 1803 empfiehlt sich Johann Isaak von Gerning gleichsam von selbst. »Dieser Mann hat über 10 000 Gulden jährlicher Einkünfte«, so der begeisterte Bruder zur entgeisterten Schwester: »Ich schimpfte wie ein Rohrspatz, machte dem Franz bitterste Vorwürfe, mir so einen Esel als Mann anzutragen.« (5, 131)

Auch Clemens wird in Sachen Heirat tätig und hat seinen Studienfreund, den Rechtsgelehrten Friedrich Carl von Savigny, als geeigneten Kandidaten ausgespäht. »Wenn Sie das Mädchen nicht lieben können, adieu Savigny, so sind Sie ein gar armer Schelm.« Wie die in den leuchtendsten Farben Angepriesene zu dieser Verbindung steht, ist eher nebensächlich: »Ob das Mädchen Sie will? sie will nichts, drum ist sie die Herrin von allem, drum kann sie lieben, und Sie sind liebenswürdig.«

Die Pläne zerschlagen sich: »Er (Savigny) fürchtet sich vor ihr.« (AM 12) Clemens wird nun als Postillon d'amour bei seinem offenbar etwas weniger schreckhaften Freund, Achim von Arnim, vorstellig: »Etwas, was dir nicht entgehen soll, weil es mein Teuerstes ist ..., ist meine Schwester Bettine, du kennst sie, [sie] wird täglich lieber.« (B1, 11f.) Vorerst bleibt Clemens auch hier ohne Erfolg.

Im April 1804 heiratet Savigny Bettines brave Schwester Gunda. 1805 macht ihre Schwester Lulu mit dem Bankier Johann Karl Jordis eine, jedenfalls in finanzieller Hinsicht, glänzende Partie: »Dem Luster [Lulu] sein Bräutigam ist gut«, so Bettine an Savigny, »aber dumm«. Daß nun gar die jüngere Schwester vor ihr heiratet, wirft auf Bettine ein wenig schmeichelhaftes Licht: »Der Budin [d. h. Bettine] wird in der ganzen Stadt ausgelacht, weil er sitzen zu bleiben scheint« (AM 37). Bruder Franz nutzt die Gelegenheit zu mahnend-aufmunternden Worten,

---

Budin ist der Name, den sich Bettine im Briefwechsel mit Savigny gibt. »Kein Mädchen und kein Bub, ein treu Wesen«, schreibt sie 1804, »ich bin dein treuer guter Budin« (AM 22). Natürlich ist Bettine kein halber Bub, sondern ein ganzes Mädchen – eben eines von der wilden und tapferen Art. Das Problem ist also nicht Bettine, sondern die restriktive Zuschreibung geschlechtsspezifischer Eigenschaften, in der auf Abweichungen mit Ausgrenzung reagiert wird. Außenseiter werden produziert und vielfache seelische Not, wie immer, wenn Menschen in Normen gebeugt werden, die der Vielfalt des Menschseins nicht entsprechen.

Wie ist das dumm, daß man wie ein eingesperrter Vogel von einem Stängelchen zum andern hüpft, von Marburg nach Frankfurt, wieder nach Marburg, zur Abwechslung nach Jena oder Weimar! – für was lernt man Geographie und kann die Welt auswendig auf den Tisch malen! – und bleibt hinterm Tisch sitzen, kommt nie in sie hinein. O welche schwere Verdammnis, die angeschaffnen Flügel nicht bewegen zu können … O Sklavenzeit, in der ich geboren bin! – Werden die Nachkommen nicht einst mitleidig mich belächeln, daß ich mir's mußte gefallen lassen …? *FK 259*

»und dann meint er ganz gutherzig, daß, wenn ich ebensoviel häusliche Tugenden geäußert hätte, ich gewiß auch einen Mann bekommen haben würde« (G 453). Noch ist ja nicht alles verloren, auch wenn die Zeit zu drängen beginnt.

»Lieber tot als übrig sein« (GB 122), heißt es in Bettines Erstlingswerk kurz und prägnant. Sie leidet freilich weniger an der Tatsache, keinen Mann zu haben, sondern an den gesellschaftlichen Folgen. Da es keine Perspektive auf ein eigenständiges Leben gibt, sind Sitzengebliebene auf das (auch finanzielle) Wohlwollen ihrer Verwandten angewiesen, machen sich hier und da nützlich und stehen doch stets in Gefahr, als unnützes Beiwerk belächelt oder gar lästig zu werden.

Ab 1805 hält sich Bettine im Marburger Haushalt der Savignys, bei Schwester Lulu und Ehemann in Kassel oder aber Frankfurt auf. Ab 1808

19 ›Bettine‹. Aquarell von Ludwig Emil Grimm, 1807

Selbstsein ist Held sein; das will ich sein. Wer Selbst ist, der muß die Welt bewegen, das will ich. *FK 121*

kommt mehr Bewegung in ihr Leben. Savigny erhält einen Ruf an die Landshuter Universität, wohin Bettine das Ehepaar begleitet. Sie lebt einige Zeit in München und versorgt dort die Kinder der Savignys, die nach Landshut vorgereist sind. Auch nach Abreise der Kinder zu ihren Eltern bleibt sie in München und versteht es, ihre Freiheit zu nutzen. Insbesondere erhält sie Gesangsunterricht bei dem berühmten Komponisten Peter von Winter. Sie knüpft zahlreiche Kontakte, lernt die Philosophen Friedrich Heinrich Jacobi und Friedrich Schelling kennen, Franz Baader, den Theologen und Philosophen, sowie den Theologen und späteren Regensburger Bischof Johann Michael Sailer. In diese Zeit fällt auch die Bekanntschaft mit dem romantischen Dichter Ludwig Tieck, den sie fast täglich besucht und pflegt, da er schwer gichtkrank ans Bett gefesselt ist. Im September 1809 siedelt sie sodann nach Landshut um, wo sie im studentischen Umfeld der Savignys geselligen Umgang pflegt und mancherlei geistige Anregungen hat. Gemeinsam mit den Savignys sind nun auch Reisen möglich. In Wien lernt sie Beethoven kennen – eine sie tief beeindruckende Begegnung.

Trotz des abwechslungsreicheren Lebens im Gefolge der Savignys bleibt eine traurige Grundstimmung, die immer wie-

Seine Wohnung ist ganz merkwürdig, im ersten Zimmer zwei bis drei Flügel, alle ohne Beine auf der Erde liegend, Koffer, worin seine Sachen, ein Stuhl mit drei Beinen, im zweiten Zimmer sein Bett, welches Winters wie Sommers aus einem Strohsack und dünner Decke besteht, ein Waschbekken auf einem Tannentisch, die Nachtkleider liegen auf dem Boden … Seine Person ist klein (so groß sein Geist und Herz ist), braun, voller Blatternarben, was man nennt: garstig, hat aber eine himmlische Stirn …, schwarze Haare, sehr lang, die er zurückschlägt, scheint kaum dreißig Jahre alt, er weiß seine Jahre selbst nicht, glaubt aber doch fünfunddreißig …

[Er] setzte sich neben das Clavier auf die Ecke eines Stuhls und spielte leise mit einer Hand, als wollte er suchen, den Widerwillen zu überwinden, sich hören zu lassen. Plötzlich hatte er alle Umgebung vergessen, und seine Seele war ausgedehnt in einem Weltmeere von Harmonien. Ich habe diesen Mann unendlich lieb gewonnen … Dazu kommt noch, daß er sehr harthörig ist und beinahe gar nichts sieht. Wenn er aber gerade componiert hat, so ist er ganz taub und seine Augen sind verwirrt im Blick auf das Äußere; das kommt daher, weil die ganze Harmonie sich in seinem Hirne fortbewegt, und er nur auf diese seinen Sinn richten kann; das also, was ihn mit der Welt in Verbindung hält (das Gesicht und Gehör), ist ganz abgeschnitten, so daß er in der tiefsten Einsamkeit lebt. (II 848ff.)

An Alois Bihler über ihren Besuch bei Beethoven, 9. Juli 1810

20 ›Das Balkonzimmer‹. Gemälde von Adolf von Menzel, 1845

der aus den Briefen Bettines hervorbricht. Sie fühlt sich eingesperrt und einsam, ohne Aufgabe, ja bisweilen hat man den Eindruck, sie stehe im Begriff, sich zu Tode zu langweilen.

Daß die sprichwörtliche Redensart eine Todesart beschreiben kann, mag man heute – wo sich die Lebensperspektiven zumal für Frauen beträchtlich erweitert haben – kaum noch glauben. Tatsächlich aber handelt es sich um einen quälenden Zustand von schleichend zunehmender Schwere, der nahtlos in die düstere Melancholie übergehen kann. Schwermütiger Trübsinn droht alles zu ersticken. »Die Zeit geht trocken, in trägen Pulsschlägen vorüber.« (A2, 137) Lang und länger zieht sich die inhaltslose Zeit. Der Lebensstrom dümpelt vor sich hin und droht in Aussichtslosigkeit zu versickern: »O, du gekrümmtes, dürres Menschenleben! – still! still! –« (A1, 109).

»Daß ich traurig bin«, so Bettine 1804 in einem Brief an Savigny, »kannst du dir wohl leicht erklären. So viel Lebenskraft und Mut zu haben und keine Mittel, ihn anzuwenden! Wie mag es einem großen Krieger zu Mut sein, dem das Herz glühet zu großen Unternehmungen und Taten, und der in der Gefangenschaft ist, mit Ketten beladen, an keine Rettung denken darf. Mir überwältigt diese immerwährende rastlose Begier nach Wirken oft die Seele und bin doch nur ein einfältig

Und auch Bettines Unruhe, der **Bewegungsschub und Redeschwall,** der abrupt Zustände des traurigen Verstummens ablösen kann (»Ich weiß, wie leicht du in unendliche Lebhaftigkeit übergehst, und um so auffallender aus einer traurigen Stummheit hervor«, FK 236), hat letztlich dieselbe Ursache: »Du glaubst nicht, wie groß oft die Sehnsucht in mir ist, zu tun; ja wenn ich es recht bedenke, so war manche Ausgelassenheit, Mutwille, Unwille, Scherz pp. nichts anders als Mangel an Tun, in welches ich mein Leben hätte ergießen sollen« (A1,164), schreibt sie 1808 an Achim.

Mädchen, deren Bestimmung ganz anders ist. Wenn ich so denke, daß gestern ein Tag war, wie heute einer ist und morgen einer sein wird und wie schon viele waren und noch viele sein werden, so wird es mir oft ganz dunkel vor den Sinnen und ich kann mir selbst kaum denken, wie unglücklich mich das machen wird, nie in ein Verhältnis zu kommen worinnen ich meiner Kraft gemäß wirken kann.« Und sie fügt hinzu: »Ich habe dir hier deutlich geschrieben, warum ich traurig bin, ganz ohne Überspannung und ohne Verwirrtheit« (5, 250f.), gleichsam um im voraus die Kategorien zu entkräften, in die man ihre Aussage einordnen wird. Bettine freilich ist nicht überspannt, sondern traurig aus triftigem Grund – wie alle anderen auch, die für ein Leben bestimmt werden, das der innersten Bestimmung ihres Wesens zuwiderläuft.

»Es macht nichts den Geist schwächer, als wenn er in seiner Eigentümlichkeit unaufgefordert bleibt« (296), schreibt sie Jahre später. Zu diesen Zeiten bleibt Bettine nicht nur auf dem Heiratsmarkt unaufgefordert, sondern das Leben selbst droht sie zu übergehen. »Zwei und zwanzig Jahr bin ich alt, und das Schicksal hat mich noch keines Blickes gewürdigt« (263), heißt es in einem Brief aus dem Jahr 1807, denn einstweilen findet das, was für Bettine den Namen Leben verdient, ohne sie statt.

Wehr- und sieghafter, frecher und selbstbewußter als Bettine in den Originalbriefen ist hingegen das literarische Kind, das im Jahr 1844 (Erscheinungsdatum von ›Clemens Brentanos Frühlingskranz‹) aus gesicherter Position zum Gegenschlag ausholt. Ihre Rückerinnerungen an die Jugendzeit sind von Bettines feinem Humor überformt, der stets schlagfertig und treffend, bisweilen beißend, aber eigentlich nie lieblos ist. Erstes Opfer ihrer Attacken ist Clemens, der als würdiger Vertreter der Gattung »älterer Bruder« aus Prinzip alles besser weiß, zumal wenn es darum geht, was für Mädchen bzw. jun-

---

Auch in ihrem Werk ›Clemens Brentanos Frühlingskranz‹ behandelt Bettine **aktuelle Zeitfragen**. 1844 ist die frühromantische Aufbruchsstimmung bereits weitgehend in reaktionärem Denken oder in unpolitischem Stillhalten versandet. Wenn Bettine dem literarischen Kind Ausführungen über die Ideale der Französischen Revolution in den Mund legt, so spricht sie dies auf die vorrevolutionäre Situation im Jahr 1844 zu. Entsprechend ergeben sich Probleme mit der Zensur – für Bettine Schikanen der »Zensurhanswursten« und »Polizeihanswursten« (I, 1000). Das Buch wird schließlich am 19. Juni 1844 freigegeben.

ge Frauen wünschenswert und richtig ist. Clemens wirkt gleichermaßen gutwillig wie bestimmend und trifft in Bettine auf ein ebenbürtiges Gegenüber, das ihm mit zärtlicher Entschiedenheit entgegentritt: »Mit meinem Mund gebe ich dir einen Kuß auf deinen, in welcher Sprache kann ich gebieterischer ausrufen, *halts Maul, geliebter Bruder*!« (FK 30)

Immer wieder fordert er sie auf zu schreiben, allerdings wie er es für richtig hält. Sie soll sich Bildung erwerben – in dem, was ihm wissenswert erscheint. Natürlich trifft er auf eisernen Widerstand, wie in allem, in dem »du mich vernünftig machen willst für die Welt« (40).

Bettine hat sich mit einem jüdischen Mädchen namens Veilchen angefreundet, das mit Goldstickereien den armen Großvater ernährt. Bettine hilft ihr dabei und verbringt mit der Freundin manch vergnügliche Stunde. Eines Morgens allerdings werden beide beim gemeinsamen Fegen der Gasse, also »vor der Haustür eines Juden auf offener Straße kehrend« (19), gesichtet – ein ungeheuerlicher Vorfall. Tante Möhn, die geschiedene Tochter der Großmutter, ist außer sich vor Wut über die nun auf der ganzen Familie lastende Schande und wird, da dies vornehmer klingt, auf Französisch ausfallend. Auch Clemens hält die Freundschaft für unpassend, geht allerdings etwas geschickter vor als die tobende Tante. Er lobt erst einmal die karitative Ader seiner Schwester. Bettine zitiert Clemens: »Sie mag ein *gutes Geschöpf* sein, zu der ich hinabsteige mit meiner Vertraulichkeit!« »Wer bin ich denn«, entgegnet sie ihm, »daß ich mich herablasse, wenn ich mich zu einem guten Geschöpf vertraulich wende? – Bin ich ein Engel?« (215). Anders als der bereits vom judenfeindlichen Ungeist infizierte Bruder denkt die Schwester glasklar, urteilt unbestechlich und hält folglich der Freundin und damit sich selbst die Treue: »Ihr verbietet mir mit einem armen Judenmädchen Um-

---

Am 23. September 1823 führte Kanzler Friedrich von Müller mit Goethe ein Gespräch zu **aktuellen Zeitfragen:** »Der alte Herr goß seinen leidenschaftlichen Zorn über unser neues Judengesetz aus, welches Mischehen mit Juden gestattete … Es sei skandalös, eine Jüdin in der Kirche im Namen der Heiligen Dreifaltigkeit zu trauen. Goethes Hauptsorge war die Gefahr, daß eine Jüdin ›einmal eine Oberhofmeisterin werden könne‹ … ›Wer wisse denn nicht, ob bei alledem Bestechung eine Rolle gespielt habe; wer wisse, ob nicht der allmächtige Rothschild dahinterstecke?‹ «

gang zu haben; und ich will Umgang haben mit allem was zugleich mit mir auf dieser Welt lebt … Fordere nun nicht mehr, ich soll dir treu bleiben; ich bleib dir in allem treu, was meine Natur nicht verleugnet.« (229)

»*Clemens*! – Ich weiß, daß eine ganz eigne Polizei existiert, womit man die jungen Mädchen verfolgt. – Und das nennt man in der Ordnung.« (145) Clemens, der einst die biederen Werte der Großmutter in Frage stellte, fügt sich zunehmend in die Reihe der Ordnungshüter, auch hier in der etwas diplomatischer verkleideten Variante. Er rät, daß »du das Auffallende in deinem Betragen etwas unterdrücktest, denn durch dies Auffallende kannst du leicht einstens viel Verdruß haben, nicht als wäre es deswegen schlecht an sich, nein, es ist nur hinderlich und steht oft und bei dem Weibe fast immer im Wege, Gutes zu wirken.« (209) Auch praktische Tätigkeiten wie z. B. »der Agnes helfen in der Küche« (160) haben auf junge Mädchen einen heilsamen Einfluß und bereiten zudem auf den weiteren Lebensweg vor.

Von hohem Interesse ist für ihn ein Ball, auf dem Bettine – die zum Besuch zwangsrekrutiert wurde – allerdings wieder einmal die günstige Gelegenheit ungenutzt verstreichen läßt.

»Tu deine Pflicht mit Ernst – das Leben nehme leicht«, lautet das brüderliche Motto für das fortan in Treu und Redlichkeit zu führende Leben seiner Schwester. »Seh ich mich um nach meiner

21 ›Die Stickerin‹. Gemälde von Georg Friedrich Kersting, 1812

Es ist aber noch ebenso dumm, irgendeine Macht anzuerkennen über uns als nur das Leben selbst. (W)as auch in der Welt für Polizei der Seele herrscht, ich folg ihr nicht.

FK 65

Als wir eintraten in den Saal, da stand ein ganzer Trupp langer, dünner, kurzer, dicker, breiter, alle schwarz gekleidete Tanzherrn in der Mitte, die so viel Raum zum Tanz ließen zwischen sich und den Wänden, an denen die jungen Mädchen zwischen Mamas aufgereiht waren wie allerlei Marktfrüchte, worunter Schoten, Rüben und Zwiebeln nicht die wenigsten waren, hier und da ein angenehmer Blumenkohl, nur selten ein Borsdorfer Apfel, worunter ich zu zählen; jetzt holten die Herrn diese Rübchen, Zwiebelchen und Schoten-Bukettchen zum Tanz ... Ich saß da dicht am Musikantenbalkon und vertrieb mir die Zeit, mit beiden Händen meine Ohren zuzuhalten, um nichts von der Musik zu hören; dabei sah ich mir die Menschen an, die da herumhüpften, und hatte die Empfindung, als ob sie alle toll seien, und endlich mußte ich lachen, ich ließ die Hände los, da brauste mir der Walzer seinen vollen Strom ins Gehör ... Endlich kam *Grunelius*, der lange, und tanzte einen Walzer mit mir, ich aber nicht mit ihm, denn er hielt mich schwebend, und ich kam nicht dazu, eine Fußspitze auf die Erde zu setzen. Zu diesem Kunststück, mit mir wie mit einer Porzellanurne herumzutanzen, brauchte er alle Kneifgewalt seiner langen Finger, die er wie Krallen in mich einschlug; denn wär ich heruntergefallen, so konnte ich den Hals brechen; da hätte man ihm vielleicht Vorwürfe machen können. Wer war froher als ich, da ich wieder an meinem Platz war; nun schob ich mich ganz unter den Balkon, hinter einen Haufen Schals und Flöre; ich lehnte mich in ein Eckchen und hatte ein heimatliches Gefühl, noch ein Weilchen konnte ich mit Mühe mich wach erhalten, aber wie es kam, daß ich dem Drang zu schlafen nachgab, weiß ich nicht zu sagen, genug, der Kampf war kurz, der Schlaf siegte; aber als edler Feind, denn nie habe ich süßer geschlafen ... Auf einmal erwachte ich zu meinem Erstaunen, da zu sein, wo ich bin ... Ach Gott! – Ach lieber Gott, Du hast so viele geflügelte Boten, schick mir doch einen, der mich hier wegträgt ... (FK 240f.).

Über den Ball – einen ersten Höhepunkt im Leben des zur jungen Frau heranreifenden Mädchens

Pflicht, so freut mich's recht sehr, daß sie sich aus dem Staub macht vor mir, denn erwischte ich sie, ich würde ihr den Hals herumdrehen!« (165)

Als letztes, nicht ohne eine gewisse Heimtücke ersonnenes Heilmittel gibt er Handarbeiten in Auftrag, »ein halb Dutzend Paar leinerne Stiefelstrümpf, an denen ich ein halb Dutzend

---

Ich erinnere mich, daß ich damals unter blühenden Bäumen Ball spielte, ein junger Mann, der ihn fing, brachte mir ihn und sagte: »Du bist schön!« – Dies Wort brachte mir Feuer ins Herz, es glühte auf wie meine Wangen, aber ich dachte auf die Nachtigall, deren Gesang mich wahrscheinlich nächtlich verschöne, und in diesem Augenblick brach die heilige Wahrheit in meinem Geiste auf, daß alles, was über das Irdische erhebt, Schönheit erzeugt, und ich widmete mich der Nachtigall mit mehr Eifer, mein Herz hielt pochend still und ließ sich von ihren Tönen

Jahre knotteln soll, um mich zu kurieren« (163) – und sucht auf diese Weise Bettine, die offenbar selbst vor Mordtaten an hehren Idealen nicht zurückschreckt, die Hände zu binden. Der besorgte ältere Bruder hat es wahrlich nicht leicht mit seiner kleinen Schwester.

22 ›Frau am Fenster‹. Gemälde von Caspar David Friedrich, 1822

»Ich bitte dich um Gottes willen«, so Bettines abschließendes Urteil, »gebe doch auch deine Stoßseufzer auf um einen lieben Mann, den du mir herbeiwünschest … (G)laube, daß ich keiner Stütze im Leben bedarf! – ich bedarf, daß ich meine Freiheit behalte. Zu was? – dazu, daß ich das ausrichte und vollende, was eine innere Stimme mir aufgibt zu tun.« (229f.)

Auch im Briefroman ›Günderode‹ denkt Bettine, das literarische Kind, nur mit Schrecken an den »Mottenfraß der Häuslichkeit« und folgert daraus, »daß ich lieber nicht heiraten will« (G 453). Im Jahr 1811 wird Bettine die Ehe mit Achim von Arnim eingehen. Das ist eben der Unterschied zwischen Dichtung und Wahrheit – oder besser ausgedrückt: zwischen Dichtung als Freiraum der inneren Wahrheit und einer Realität, deren Zwängen Folge zu leisten ist, auch wenn dies der inneren Wahrheit nicht entspricht.

berühren wie von göttlichem Finger – ich wollte schön sein, und Schönheit war mir göttlich, ich neigte mich vor dem Gefühl der Schönheit und überlegte nicht, ob es äußerlich war oder innen. – Indessen hab' ich bis heute immer, in der Schönheit, wo sie sich mir zeigte, eine nahe Verwandtschaft gefühlt, in Bildern, Statuen, in Gegenden, in schlanken Bäumen. Obschon ich nun nicht schlank bin, so regt sich doch etwas in meinem Geist, was dieser Schlankheit entspricht.

GB 529

Juden

Bettine lebt in einem judenfeindlichen Umfeld, dem auch ihr späterer Mann Achim mit seiner für die Deutsche Tischgesellschaft verfaßten Schrift ›Über die Kennzeichen des Judentums‹ (1811) zuzurechnen ist. Bettine scheint zeitweilig unter seinem Einfluß zu stehen, geht dann aber ihren eigenen Weg der dezidierten Parteinahme für die Juden als unterdrückte Minderheit.

Ihre Stellungnahmen stehen unter dem Eindruck der Debatte in Preußen zu Beginn der vierziger Jahre, in der restaurative Kräfte das Rad der Geschichte vor die Zeit des Judenedikts zurückzudrehen versuchen. Über Alexander von Humboldt, der engagiert gegen die Rücknahme der akademischen Lehrfreiheit für Juden kämpft, ist Bettine über die Vorgänge bestens informiert und greift in die Diskussion mit den Mitteln der Schriftstellerin ein.

So läßt sie in ihrem Werk ›Günderode‹ den alten Juden Ephraim auftreten, der – wie bereits der Zeitgenosse Moritz Carriere bemerkt – sich an Lessings ›Nathan‹ anlehnt. Wie dieser ist Ephraim ein weiser Mann, dessen Wort Gewicht hat, zumal wenn er die junge Bettine (und somit die Leser) über das Schicksal der Juden aufklärt: »Des Juden Weg ist, sich zwischen Dorn und Disteln durchzuschleichen, mit denen der Christ ihm die Straßen verhackt, und er muß sich scheuen, daß die Hunde wach werden, die in die Dornen hinein ihn verfolgen, daß er nicht mehr vor- noch rückwärts weiß und oft im Schweiß seiner Mühen zugrunde geht und, was noch trauriger ist, seinen Gott nicht mehr im eigenen Herzen findet.« (G 462)

In ihrem Spätwerk ›Gespräche mit Dämonen. Des Kö-

23 ›In der Synagoge‹. Gemälde von Carl Spitzweg, um 1860

nigsbuches zweiter Band‹ widmet sie einen Exkurs dem »Andenken an die Frankfurter Judengasse« (3, 263ff.). Sie schildert bedrückend beengte Lebensverhältnisse, eben »die bittere Not, die von der Religion der Milde über (die Juden) verhängt« wird. Und Bettine findet – »beschämt durch die Judenkinder« – Worte von unmißverständlicher Deutlichkeit: »Die gesamte Christenheit drängt die Juden in die Hölle. Um jedes weltlichen Vorteils willen läßt sie, über alle heiligen Theorien hinweg, sich reißen zum Meuchelmord an ihren Brüdern! – sie zerrt den gefesselten Juden an der Kette, sie nennt ihn boshaft, wenn ihm der Schaum vor den Mund tritt, und tückisch, weil er nicht in den Sack springen will, den sie ihm vorhält … Dieser Hohn gegen den ältesten Menschenstamm, der ist der Aussatz der Christen. Solange sie diese Krankheit haben, ist nicht gut in Gemeinschaft mit ihnen treten. Alle Heiligung der Kirche ist Lüge, solange sie Verfolgung übt.« (D 274) Das Judenproblem ist also in Wahrheit das Problem der Christen. Deren Anspruch, im Besitz des allein seligmachenden Glaubens zu sein, ist für Bettine vor allem eines – unselig und zutiefst unchristlich: »Denn so oft wir den Segen, sei er irdisch oder himmlisch, abteilen wollen, so erstirbt er in uns« (G 476).

Im alten Preußen sind Juden als Schutzjuden dem Herrscher unterstellt – ein durch Abgaben teuer erkaufter, mit zahlreichen Restriktionen verbundener Status der Duldung. Im Rahmen der Stein-Hardenbergschen Reformen, die die Umgestaltung der preußischen Feudalordnung zu einem modernen Zentralstaat zum Inhalt haben, wird am **12. März 1812 ein Judenedikt** in Kraft gesetzt. Dieses Gesetz, das Juden zu preußischen Bürgern macht, stellt einen beträchtlichen Fortschritt dar. Der Zugang zu akademischen Lehr-, Schul- und Gemeindeämtern, das Recht auf Grundbesitz und freie Ansiedlung, Gewerbefreiheit und freie Gattenwahl werden gewährt, die Sonderabgaben abgeschafft. Reaktionäre Kräfte setzen in der Folgezeit alles daran, das Gesetz auszuhöhlen.

Die rechtliche (Fast-)Gleichstellung der Juden (von Staatsämtern bleiben sie ausgeschlossen) löst freilich das Problem der Intoleranz nicht. Da man die Juden nicht als gleichberechtigte Minderheit zu integrieren gewillt ist, passen sie sich als einzelne der Gesellschaft an (Assimilation). Zahlreiche Juden lassen sich taufen – ein hoher, allzuhoher Preis für eine nur scheinbare Integration, zumal nun die Judenfeinde auf rassistische Argumentationsmuster umrüsten. Als Friedrich Wilhelm IV. von den Delegierten der Paulskirche die Kaiserwürde angetragen bekommt, wahrt er zwar Contenance, ist aber – wie Eingeweihte wissen – tief entrüstet, »daß ein getaufter Jude sich erfrecht, an der Spitze [dieser] Deputation zu sein«.

Die Freundin

Mit dem Günderödchen bin ich alle Tage, es treibt mich sehr an zum Lernen« (5, 255), schreibt Bettine im April 1805 an Savigny. Weit wichtiger jedoch als der Unterricht ist für sie, die sich im spießigen Umfeld der Familie isoliert fühlt, die Freundschaft zur Günderode: »Mein Gott! ich habe niemand, mit dem ich ernstlich sprechen könnte, ohne daß er mir gerade ins Gesicht sagen würde: ›Du sprichst Kinderei, du lügst, du bist gespannt, du extravagierst‹« (202), läßt sie Karoline wissen, sichtlich froh, in ihr eine Freundin, der sie sich anvertrauen kann, gefunden zu haben.

Karoline von Günderode ist fünf Jahre älter als Bettine, ein in diesen jungen Jahren nicht unerheblicher Altersunterschied. Während Bettine die Freundin schwärmerisch verehrt, wirkt diese distanzierter und scheint sich, trotz aller Nähe, eher als Lehrerin denn als Vertraute der Jüngeren zu verstehen. In ihre Liebschaft mit Georg Friedrich Creuzer weiht sie sie jedenfalls nicht ein.

Schon in den noch erhaltenen Originalbriefen ist Bettine um ihre melancholische Freundin besorgt: »Du sprichst mir von Schwermut in deinem kleinen Brief, ich bitte dich, prüfe dich doch, ob es nicht aus Mißmut über deine Lage ist, ob es nicht Kleingläubigkeit ist, ob es nicht Mangel an einer der drei göttlichen Tugenden (Glaube, Liebe, Hoffnung, M. D.) ist«. Bettine hingegen setzt der »bleiernen Zeit« ihren eisernen Überlebenswillen entgegen und gibt erst einmal Durchhalteparolen aus: »Ich will die Zeit zu Rate ziehen, ich will warten, ich will klug und listig sein … So werde ich dich einstens mit der Wahrheit

Sie war so zaghaft; eine junge Stiftsdame, die sich fürchtete, das Tischgebet laut herzusagen … Sie war so sanft und weich in allen Zügen wie eine Blondine. Sie hatte braunes Haar aber blaue Augen, die waren gedeckt mit langen Augenwimpern … – sie ging nicht, sie wandelte … – ihr Kleid war ein Gewand, was sie in schmeichelnden Falten umgab, das kam von ihren weichen Bewegungen her; – ihr Wuchs war hoch, ihre Gestalt war zu fließend, als daß man es mit dem Wort schlank ausdrücken könnte; sie war schüchtern freundlich und viel zu willenlos … *GB 79f.*

meines Daseins überraschen« – eine zu diesem Zeitpunkt fast prophetisch anmutende Aussage. Und sie fügt hinzu: »Wir müssen doch miteinander eine große Freiheit erringen.« (200f.) Mehr als alles andere wünscht sie sich, den Weg in eine bessere Zukunft gemeinsam mit der Freundin zu gehen.

Die intensive Phase der Freundschaft dauert allerdings nur ein Jahr. Sodann bricht Karoline mit Bettine und läßt ihre Versuche, zu retten, was zu retten ist, ins Leere laufen. Selbst ein klärendes Gespräch wird verweigert. Bettine vermutet zu Recht Creuzer als die im Hintergrund treibende Kraft. »Daß das Weinen der Bettine dir schmerzlich war«, schreibt er, um Karolines Bedenken zu beschwichtigen, »begreife ich und ich fühle, wie ich Veranlassung bin. Aber in sich verstehe ich dies Weinen nicht. Zum Weinen hätte sie freilich Ursache genug. Sie könnte darüber weinen, sollte es sogar ..., daß sie egoistisch ist und kokett und faul und entfremdet von allem, was liebenswürdig heißt.« (BG 329)

Im Juni 1806 fordert Bettine ihre Briefe zurück und läßt Karoline wissen: »Ich habe mir statt deiner die Rätin Goethe zur Freundin gewählt.« (5, 204) Sie macht eben – wie es bei aller vordergründigen Robustheit in ihr aussieht, steht auf einem anderen Blatt – das Beste daraus. So geht sie nun bei ihrer neugewonnenen mütterlichen Freundin, der Frau Rat Goethe, ein und aus.

Sodann – nur vier Wochen sind vergangen – »der Tod, der fürchterliche Tod von der Günderode« (260). »Mit dem einzigen Dolchzücken traf sie ihr eigen Herz«, schreibt sie an Achim, »und traf mich auch mit dieser Untat, ich werde den Schmerz in meinem Leben mit mir führen.« (A1, 73) Nach drei Jahren – wie alle Trauernden ist Bettine treu – verübelt sie sich den Schorf, der sich über die Wunde zu legen beginnt: »O daß ihr Andenken mir ein bleicher Schatten geworden ist, das kränkt

In ›Goethes Briefwechsel mit einem Kinde‹ heißt es über die **Folgen des Bruchs mit der Günderode:** »Einen Augenblick hatte mich der Schmerz übermannt, aber gleich stand ich wieder auf den Füßen; nun! Dacht' ich, wenn das Schicksal mir nicht schmeicheln will, so wollen wir Ball mit ihm spielen; ich war heiter, ich war lustig, ich war überreizt, aber in Nächten weinte ich im Schlaf.« (GB 98) Es ist ein wesentlicher Charakterzug Bettines, daß sie bei allem Schmerzlichen, das ihr widerfährt, nach positiven Auswegen sucht: »Liebe Bettine«, schreibt ihr Achim, »was hast du für eine unglaubliche Kunst, dir selbst alles gut zu machen.« (A1, 137)

mich, diese Liebe konnte ich auch nicht festhalten! – Ich bin nicht gut, ich bin nicht stark.« (MP 109) Ein furchtbarer Verdacht schleicht sich ein. Hätte sie vielleicht alles verhindern können, wenn sie mehr geliebt hätte, stark genug gewesen wäre? Der sogenannte Freitod mag denjenigen, die ihn wählen, die ersehnte Freiheit bringen. Die Zurückbleibenden allerdings schlägt er in Fesseln aus Gefühlen der Trauer und Schuld: »Günderode, warum hast du mir dies getan?« Noch Jahrzehnte später muß sich die im Traum erschienene Freundin diese Frage gefallen lassen: »Da hat sie geschwiegen, hat den Kopf gesenkt und hat sich, traurig, nicht verantworten können.« (GB 100)

Im Brief an Achim heißt es über die Folgen des Geschehens weiter: »Ich habe Mut dabei gewonnen und Wahrheit, vieles zu tragen und vieles zu erkennen; es ist mir auch vieles dabei zu Grund gegangen, ich werde mich nicht so leicht mehr an den einzelnen fesseln« (A1, 73). In der Tat wirkt Bettine seit dieser Zeit gezeichnet. Sie wird sich auch weiterhin liebend auf andere Menschen beziehen. Ihr Herz allerdings gibt sie fortan nicht mehr aus der Hand.

Fast 35 Jahre sind zwischenzeitlich vergangen. Bettine, die verwitwete Frau von Arnim, siebenfache Mutter und berühmte Schriftstellerin, hat in einem Schrank »von Arnim sorgfältig verpackt und eingesigelt … an 30 Briefe der Günderode, noch mehrere von mir« (5, 187) wiedergefunden und macht sich an deren Bearbeitung: »Die Günderode steht vor mir, und sie ruft mich oft, wenn am Abend das Licht brennt von meinem Platz … und da wickle ich mich in den Mantel, weil ich nicht widerstehen kann ihr in Gedanken zu begegnen« (Dö 462). Die Anziehungskraft der Freundin reicht über den Tod hinaus. Doch ist, da sie nun vor dem inneren Auge erscheint, ihre kühle Präsenz nur schwer zu ertragen. Auch in den der Günderode geltenden Passagen in ›Goethes Briefwechsel mit einem Kinde‹

Auch bei Bettine hebt sich erst allmählich »ein Zorn« ins Bewußtsein, »es ist ein Fordern an dich, du sollst dir und mir treu sein« (G 428).

»Ich glaubte Sie Ihrer Freundin nicht so nah verbunden, wie Ihre Güte und der Schmerz Ihnen gern einredet« (A1, 83), antwortet Achim auf Bettines Brief. Er hat ihre Bindung an die Freundin unterschätzt, und so bleibt fraglich, ob er es zu schätzen wußte, wenn Bettine ihm ein Jahr später schreibt: »Seien Sie den Herbst hier, wir haben ein Gut am Rhein, ich war noch nicht da, es war der Günderode ihr Sterbeplatz, aber in Ihrer Begleitung will ich hingehen.« (117)

24 Bettine mit Wolldecke. Zeichnung von Ludwig Emil Grimm

erweist sich die Annäherung als schwierig und korrespondiert mit dem schmerzlichen Weg an den Platz, »da kein Gras mehr wächst« (GB 87). Erst nach mancherlei Zögern wagt sich Bettine in die Erinnerung und folglich an den Ort, wo die Freundin gestorben ist: »Ich hab' auch dort gebetet zu und um ihre Seele und hab' mich vom Mondlicht reinwaschen lassen und hab' es ihr laut gesagt, daß ich mich nach ihr sehne.« (88)

Bettines im Jahr 1840 erschienenes Werk ›Die Günderode‹ ist nicht Nachruf, sondern Anruf. Schreibend ruft sie die Freundin ins Leben zurück. Die Zeit der Jugend ersteht neu und mit ihr ein literarischer Raum für all das, für das einst zu wenig Platz war. Vieles, was noch zu sagen gewesen wäre, wird nun gesagt; was noch zu bedenken gewesen wäre, nun durchdacht. Bettines »Ja« zum Menschen und zum Leben, ihr wehrhafter Optimismus und ihr zur Theorie verdichteter Überlebenswille erfahren hier ein besonderes, vom biographischen Kontext beglaubigtes Gewicht. Sie sind dem »Nein« des »furchtbaren Todes« entgegengeschrieben. Denn indem die Freundin die Axt an die Wurzel ihres gerade sechsundzwanzigjährigen Lebens legt, hat sie zugleich die Hoffnung auf Wachstum und zukünftige Blüte gekappt. »Und das Blühen ist ja die Erfüllung der Sehnsucht. Drum lasse uns das Leben lieben, weil es uns zu dieser Blüte bringt.« (G 251)

Fühlst du das auch, das Glücklichsein, bloß weil du atmest …? Ist das ganze Leben nicht Lieben? – und du suchst, was du lieben kannst? – so lieb doch das Leben wieder, was dich durchdringt, was ewig mächtig dich an sich zieht … Warum muß es doch gerade dies oder jenes sein, an das du dich hingibst? – nimm doch alles Geliebte hin als eine Zärtlichkeit … vom Leben selbst … – denn daß du lebst, das ist die heiße Liebe des Lebens zu dir.

G 467

Die Liebe zum Leben ist keine Frage des Alters, wie die Autorin nur allzugut weiß, denn erst auf ihre alten Tage hin beginnt ihr eigenes Leben zu blühen. Aus der reizvollen Verbindung von jugendlicher Kraft und reifer Erfahrung (wiederum mischen sich die Lebensepochen, so daß Bettine, die im Werk als Zwanzigjährige auftritt, mit der Stimme der über Fünfzigjährigen spricht) entwickelt sie ihr Konzept des Lebensfrühlings. Sie gibt es der Günderode zu bedenken, die das Alter fürchtet und früh aus dem Leben zu scheiden wünscht. »Frühling ist Seligkeit, weil's Begeisterung ist von der Zukunft, Seligkeit ist Begeisterung zum Leben, das ist Frühling. Wer ewig zum Leben begeistert ist, der ist immerdar Lebensfrühling« (412). Jugend ist keine Frage des Alters, sondern der Öffnung zum Leben, zum Hier und Jetzt hin: »Sieh, junge Günderode, deine Jugend ist die des heutigen Tages.« (493)

Der eigentliche Widerpart des Lebensfrühlings ist die Philisterei, das »Übereinandertürmen rumpliger Vorurteile, durch das die heilige Anlage der Jugend nicht mehr durchdringt« (471). Philister sind Greise, gleich wie alt sie sind. Aber auch die Schwermut, das herbstlich verhangene, allmählich in Winterkälte erstarrende Gemüt, kapselt den Menschen ab, zuerst von der Hoffnung und in letzter Konsequenz vom Leben selbst: »Ja, du bist der Geist des Frühlings – aber mutlos das Leben verwerfen ist nicht Jugendgeist – ach, ich fühle wohl, daß ich hier weit mehr recht hab wie du und daß ich dir Trotz bieten kann« (471). Bettines Trotz läßt die Einfälle sprudeln. Sie brennt ein Feuerwerk der Lebensfreude vor der müden Freundin ab. Noch einmal bäumt sich Bettine auf, und ein Sturzbach an Kreativität ergießt sich in Sprache. Bettine schreibt, um aufzurütteln, sie schreibt, »daß ich dich mir wach erhalte, daß du mir nicht stirbst« (479). Und sie schlägt mitreißende Kapriolen des Überschwangs, breitet ihre ganze Sprachmacht wie einen Blütentep-

---

Dem Thema der **Jugend** kommt auch **politische Bedeutung** zu. Bettine hat ihr Werk ›Die Günderode‹ den Studenten gewidmet, »die Ihr gleich goldnen Blumen auf zertretnem Feld wieder aufsprosset … (i)n fröhlichen Zukunftsträumen der Muttererde huldigt« (G 9). Von den Studenten, insbesondere von den national-freiheitlich gesinnten Burschenschaften, erhofft sich Bettine die demokratische Erneuerung Deutschlands – den Aufbruch aus der philiströs vergreisten, reaktionären Gesellschaft.

pich aus: »Jeder Tag auf Erden ist ein Steigern der Blütebegeistigung …, und der letzte Tag ist immer noch lebentriebvoller wie der vorletzte. Wie es auch sei, es ist ein ewiges Vorrücken in den Frühling – und unser ganz Leben, glaub ich, hat keinen andern Zweck. – Die Sterne haben mir's gesagt für dich.« (472)

Es gehört zu den anrührendsten Zügen dieses Werkes, wie sich Bettine noch einmal auf den bereits vor Jahrzehnten verlorenen Posten begibt, um gegen die Todessehnsucht der Günderode anzuringen: »Du aber suchest in höheren Regionen nach Antwort auf deine Sehnsucht, willst ›mit deinen Gespielinnen den Mond umwallen‹, wo ich keine Möglichkeit mir denken kann mitzutanzen, willst ›erlöst sein von den engen Schranken deines Wesens‹ und mein ganzes Glück ist doch, daß Gott dich in deiner Eigentümlichkeit geschaffen hat.« (32) So versucht sie erneut die in jenseitige Gefilde entschwebende Freundin an sich und ans Leben zu binden. »Ach! – wo sollt ich hin, wenn du nicht mehr wärst?« (228) Alles ist möglich, jeglicher Abgrund überwindbar, »wenn du nur willst und willst so viel mich würdigen, daß du ruhig deine Hand in der meinen liegen lässest, wenn ich sie fasse« (230).

Noch einmal streckt Bettine die Hand aus, als gäbe es die Grenze zwischen Leben und Tod nicht, die sie nun von der Freundin trennt: »Ich will doch gern alles mit dir teilen … Deine Schmerzen auf mich … nehmen, ich bin stark, ich bin hart, ich spür's nicht so leicht, mir sind Tränen zu ertragen, und dann sprießt die Hoffnung so leicht in mir auf, als könnt wieder alles

25 Studie dreier Hände zum Gemälde ›Italia und Germania‹ von Johann Friedrich Overbeck

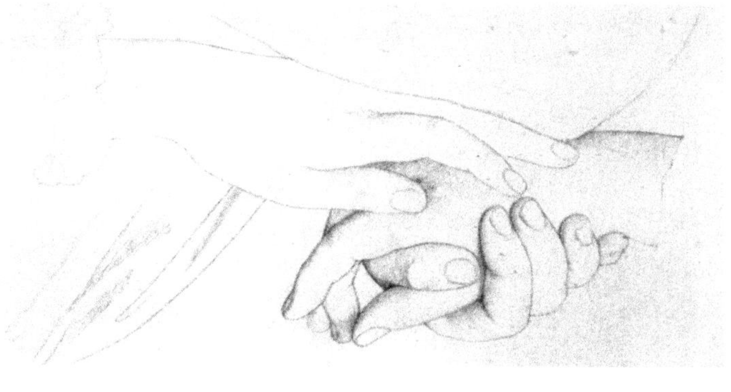

26 ›Winterlandschaft‹. Gemälde von Caspar David Friedrich, 1811

werden und besser noch, als was die Seele verlangt. – Verlaß dich auf mich!« (229) Noch einmal auch erlebt sie die Ohnmacht angesichts der übermächtigen Traurigkeit und unternimmt den letzten verzweifelten Versuch, »dich dir selber zu entführen« (380); Karoline festzuhalten, sie wegzubringen, egal wohin, nur fort, dahin, wo sie geborgen und sicher ist: »Ich dacht, ich wollte dich tragen auf meinen Armen ans End der Welt und dort dich an einen schönen moosreichen Platz niedersetzen … und nichts dich berühren lassen, was dir weh tun könnte.« (224)

Schmerzliche, aber auch schöne Erinnerungen steigen in Gedanken auf und bringen sich zu Papier. Im sanften Licht einer Mondnacht bei sachte aufkommendem Wind »fielen Blüten auf dich und mich, und da sah ich mich um nach dir, da lächeltest du«. Es war, »als sei ich im Port meines Lebens angelangt und

»Es gibt ein Verstummen der Seele«, sagtest du, »wo alles tot ist in der Brust.« – »Ist es *so* in dir?« fragte ich. – Du schwiegest eine Weile, dann sagtest du: »Es ist grade so in mir, wie da draußen im Garten, die Dämmerung liegt auf meiner Seele wie auf jenen Büschen, sie ist farblos, aber sie erkennt sich – aber sie ist farblos«, sagtest du noch einmal und dies letztemal so klanglos auch, daß ich dich im Nachtschimmer ansah verwundert und verschüchtert, denn ich traute mich nicht mehr zu reden, ich sann auf Worte, wie ich mit dir anheben sollt; – ich suchte in weiten Kreisen umher,

als brauche ich keine fremde Wege mehr zu suchen« – und Bettine ist sich sicher, »daß ich immer dir verbleiben wollt« (482f.). Ein Blick ruft sich ins Gedächtnis, der an einer grazilen »weißen Silberpappel in der Ferne mit hängenden Zweigen, die mitten am Feld aus einer Spalte aufgewachsen ist und vom Wind sanft bewegt gegen das Tal sich neigt«, haften bleibt; »da hab ich mich zum erstenmal besonnen, wie schön du bist« (71). Nicht biographische Fakten sind Bettines Thema, sondern die innere Wahrheit, die sich bei der Bearbeitung der alten Briefe erschließt. Die innigen Gefühle von einst beginnen unter ihrer Feder zu blühen und wachsen sich mehr und mehr zu dem aus, was die Begegnung mit Karoline von Günderode für die junge Bettine war: ihre erste große Liebe.

Und sie drückt weiter ihre Wertschätzung für das aus, was sie der Günderode als ihrer Lehrerin verdankt, wobei – auch dieses Werk stellt ein kompliziertes Geflecht von mit Reflexionen durchwobenen Erinnerungen dar – Bettine all das, was die Freundin in ihr auf den Weg bringt, als exemplarischen Bildungsweg verstanden wissen will. »Und nie hat sie eingegriffen in meine Eigentümlichkeit, ... sie schritt vor, wo mich etwas verletzen konnte, sie waltete über mir, nicht um mich zu lenken, nein, daß kein andrer mir die Zügel sollte umwerfen, daß kein Eingriff mich stören sollte.« (A 599) Anders als der zur Fremdbestimmung neigende Bruder Clemens (»mit dem kann ich doch nicht sein, wie ich bin«, G 117), lehrt die Günderode nicht, indem sie eingreift, sondern indem sie aufgreift, d. h. das Ureigenste schützt, verstärkt und lenkt.

»Du bist eben gar nicht wie ein Mensch, der mich fassen und halten will, du bist wie die Luft, der Sonnenstrahl fährt nieder durch dich in meinen Geist, so hell bist du.« (156) Der Alptraum einer jeden ordentlichen Lehrkraft, nämlich für die Schüler Luft zu sein, geht hier in Erfüllung – und dies sogar als

---

nichts schien mir geeignet, diese Stille zu unterbrechen, die immer tiefer und tiefer sich wurzelte und mir wie ein Schlummer durch den Kopf strömte, dem ich nicht mehr widerstand – ich legte mich träumend auf die Fensterbank mit dem Kopf, und so wer weiß wieviel Zeit verging; da kam Licht ins Zimmer und als ich aufsah, da standest du über mich gebeugt und sahst auf mich, und als ich dich fragend ansah, da gabst du zur Antwort: »Ja, ich fühle oft wie eine Lücke hier in der Brust, die kann ich nicht berühren, sie schmerzt«; ich sagte: »Kann ich sie nicht ausfüllen, diese Lücke?« *G 223f.*

pädagogisches Qualitätsmerkmal. Denn Bettine schätzt am Element der Luft besonders die Durchlässigkeit. Durchlässigkeit auf was? – Auf jene Instanz, die in ihrem Werk unterschiedliche Namen trägt: Stimme des Geistes, des Genius, Gottes, bisweilen auch Stimme der Sterne, die in klarer Mondnacht, wenn die tausend von außen kommenden Stimmen verklungen sind, in das Herz hineinsprechen. Immer klingt diese Stimme mit der des innersten Selbst zusammen, und immer ist sie eines: Refugium der Wahrheit im gesellschaftlichen Lügenzusammenhang. Als Sitz des Widerstandes im jeweils einzelnen ist diese Stimme stets in Gefahr, von allen, die in dasselbe Horn blasen, also vom Zeitgeist, übertönt zu werden. So ist es die vornehmste Aufgabe des Lehrers, die noch zarte Stimme zu hören, zu schützen und zu stärken oder wie es Bettine in der exemplarischen Beziehung zu ihrer Lehrerin formuliert, »mich zu leiten, mich zu lehren, mit einer inneren Stimme zusammentönend, die mich eben mahnt wie du« (215).

»Du bist der Widerhall« (137), sagt sie zur Günderode, die Bettines Stimme bisweilen korrigierend, bisweilen verstärkend zurückgibt, allemal mit der Absicht, daß die Schülerin mehr zu sich selbst findet. Von dieser Lehrerin läßt sich sogar die notorisch aufsässige Bettine etwas sagen: »weil ich dich als meinen Genius anerkenne – nein, nicht du – aber er nimmt deine Stimme an.« (363)

Die Lehrerin gleicht somit einem Spiegel, aber einem der ganz besonderen Art. Das Bild, das die Schülerin von sich gewinnt, wird in ihr deutlicher und deutlicher. Es handelt sich also in der Tat um einen Prozeß der »Bildung«, wobei Bettines kritische Reflexionen die zeitlos subversive Frage aufwerfen: Bildung ja, aber nach welchem Bild eigentlich? In der Auffassung Bettines jedenfalls zielt Bildung nicht auf Anpassung an gesellschaftliche Normen, sondern auf die Selbstwerdung des

---

»Bei dem **Wort Bildung**«, so Paul Kluckhohn in seinem Werk ›Das Ideengut der Romantik‹ (1941), »darf man für jene Zeit keineswegs allein an das denken, was der Mensch von außen in sich aufnimmt. Es enthält vielmehr die Vorstellung der organischen Entfaltung des Wesenskernes, wie der Begriff ›Bildungstrieb‹ (belegt) … Denn nicht anders vermag man, gerade nach der Überzeugung Schleiermachers und Schlegels, zum wahren Menschen zu werden als durch die organische Ausbildung der eigenen Individualität.« Folglich sagt Schleiermacher: »Immer mehr zu werden, wer ich bin, das ist mein einziger Wille.«

Menschen ab. Entsprechend gilt ihr die Günderode, »die mir die Höhe meiner eigenen Natur als Ziel (an)vertraute« (87), als vorbildliche Lehrerin.

Die erste Aufgabe der Lehrer (und all derer, die lehren – man erinnere sich, daß hier eine siebenfache Mutter spricht) ist somit nicht, festgelegte Inhalte zu vermitteln, sondern Spiel- und Freiräume zu eröffnen, in denen sich der auf dem Weg zu sich selbst befindliche Mensch erfahren kann. Gerade das Gegenteil eines zielgerichteten Bildungsweges wird gefordert, dessen Geradlinigkeit – so die Überzeugung Bettines – in Wahrheit zur Stromlinienförmigkeit erzieht.

Zum Frei- und Spielraum der Bildung gehören hingegen der Mut zum Ungeordneten, das freie Phantasieren und Assoziieren und natürlich das Bauen von Luftschlössern. All dies ist bei der Freundin möglich. Wo die Familie Druck ausübt, läßt die Günderode Raum, auch und gerade für all die angeblichen Exaltiertheiten, die aus Bettine hervorsprudeln; »und wenn ich's auch selbst nicht einmal versteh, so bin ich doch gestärkt durch deine ruhigen, blauen Augen.« (100) Gestärkt, um weiterzumachen – zu probieren, zu verwerfen und bewahren –, bis irgendwann mit Unterstützung der sanft lenkenden Freundin das Richtige gefunden ist.

Bildung im Sinne Bettines paßt nicht an, schüttet nicht zu, macht keine Bildungsgüter verfügbar, sondern fördert den

27 ›Italia und Germania‹ (›Sulamith und Maria‹). Gemälde von Friedrich Overbeck, zwischen 1811 und 1828

Menschen selbst zutage. »Entstehen, sich bilden ist nichts anders als frei werden« (KB 136), läßt sie die Frau Rat im ›Königsbuch‹ dozieren, denn Bettines Bildungsbegriff ist auf das engste mit dem der Freiheit verbunden. Der Mensch, der zu sich selbst kommt, wird frei – für sich und auch dafür, für die Freiheit der anderen zu kämpfen, denn individuelle Freiheit ist für Bettine ohne politische Freiheit nicht denkbar.

All dies hat die Günderode in Bettine geordnet, gefördert und bestärkt: »Und so oft habe ich in dir erkannt, was ich in mir selbst nicht zur Gewißheit bringen konnt! – wenn mir ahnte. Die ersten kühnen Gedanken, ... sie standen auf deiner Stirn geschrieben – wieviel sich kreuzende Stimmen hast du doch entwirrt in meiner Brust und meine wilde Gedankenlosigkeit – du hast sie so sanft eingelenkt und mir gelehrt, freudig mitspielen.« Und sie fügt das schönste Lob hinzu, das eine Lehrerin erhalten kann: »Der Sinn der Welt ist mir einleuchtend geworden durch dich« – was für Bettine nicht nur intellektuelles Verstehen bedeutet, sondern auch, daß die Welt zu leuchten beginnt.

»Du hast mich gesund gemacht« (G 488f.), läßt sie die Freundin wissen, die an sich selbst und an der Welt heillos erkrankt ist und es dennoch versteht, in der Schülerin das Fundament der Selbst- und Lebensbejahung zu legen. Bettine dankt es ihr mit ihrem wohl bedeutendsten Werk – einem literarischen Monument der Liebe und Wertschätzung. Zugleich ist Bettine ein Hohelied auf das Leben gelungen, mit traurigen Tönen – »dem Widerhall deines Wehs« (251) – unterlegt und gerade deshalb glaubhaft.

28 Schwester des Künstlers. Gemälde von Adolf Menzel, 1847. »(M)ein Briefwechsel mit der Günderode«, so Bettine 1840 an A. Stahr, »[betätigt] mein ganzes Inneres viel gründlicher ... als der mit Goethe es vor den Augen der Welt tun kann, die darunter allerhand leidenschaftliche Gefühle vermutet, welche nicht waren« (5, 402).

Karoline von Günderode

Sie wird am 11. Februar 1780 in Karlsruhe geboren. Bereits 1786 stirbt der Vater und hinterläßt seine Familie in einer prekären Finanzsituation. Die Mutter ist eine auf ihr gesellschaftliches Ansehen bedachte Frau, die über ihre Verhältnisse lebt und vor allem ihren Aufstieg am Hof des Landgrafen von Hessen betreibt. Schon früh ist Karoline daher gezwungen, Verantwortung für ihre jüngeren Geschwister zu übernehmen und wird in der Folgezeit drei ihrer Schwestern, die an der »Auszehrung« sterben, aufopferungsvoll pflegen. 1797 begibt sie sich nach Frankfurt in ein evangelisches Damenstift, in dem unverheirateten adligen Damen ohne Vermögen ein zwar bescheidenes, aber standesgemäßes Leben ermöglicht wird. Eigentlich ist Karoline zu jung, so daß man eigens für sie die Statuten ändert, um die gerade Siebzehnjährige in die Gemeinschaft deutlich älterer Frauen aufnehmen zu können.

Karoline von Günderode schreibt und veröffentlicht ihre Werke (Lyrik, Prosa, Dramen und philosophische Abhandlungen) unter dem männlichen Pseudonym Tian. Im Gegensatz zu Bettine, die eigene literarische Wege gehen wird, orientiert sie sich an »edler Einfalt und stiller Größe« (Johann Joachim Winckelmann), d.h. an den klassischen Idealen ihrer männlichen Kollegen. Diese freilich entsprechen nicht ihrer Lebenswirklichkeit: »Wenn ich lese, was ich vor einiger Zeit geschrieben habe (kommt es mir vor), als sähe ich mich im Sarg liegen.« Der Dauervergleich mit anderen Autoren zieht den Dauerbefund des eigenen Ungenügens nach sich und lähmt die Produktivität.

Ein eher halbherziger Versuch in Richtung Ehe scheitert. Die zarten Bande zwischen ihr und Friedrich Carl von Savigny werden wieder entflochten. Ihn irritieren ihre »unweibliche«

Seh ich das Spätroth, o Freund, tiefer erröthen im Westen
Ernsthaft lächelnd voll Wehmuth, lächelnd und traurig verglimmen,
O dann muß ich es fragen, warum es so trüb wird und dunkel
Aber es schweiget und weint perlenden Thau auf mich nieder.

Karoline von Günderode

Intellektualität und nicht zuletzt die ungeordneten Familien- und Finanzverhältnisse. Und auch Karoline ist überzeugt, er werde »ein anderes Mädchen finden, das seiner Liebe würdiger ist« (BG 22). »Aber ich wünschte, du freutest dich mehr deiner selbst« (68), schreibt Lisette von Mettingh an ihre Freundin Karoline, deren Gemüt zunehmend von Melancholie umdunkelt wird.

»Mein Leben ist so leer, ich habe so viele langweilige und unausgefüllte Stunden«, bekennt Karoline Bettines Schwester Gunda: »Ist es nur die Liebe, die in diese dumpfe Leerheit Leben und Empfindung gießt? … Es ist hier eine Lücke in meiner Seele; umsonst suche ich sie zu erfüllen, umsonst sie wegzuraisonnieren.« Ist also die Liebe der Ausweg, das, was die innere Leere füllt? »Mir scheint es so süß«, schreibt sie, »von ausgezeichneten Menschen geliebt zu sein; es ist mir der schmeichelhafteste Beweis meines eigenen Wertes. Ich bin zu schwach gegen diese verführerische Schmeichelstimme, sie kann mich mir selbst untreu machen.« (83) Die Versuchung, ihr unbewältigtes Leben in einer Liebe aufgehen zu lassen, ist ihr bewußt. Sie kennt also – und das ist erstaunlich – die Falle, in die sie geraten wird. Weiß sie auch um deren tödliche Gefahr? Eine solche Liebe nimmt, für den Fall, daß sie geht, auch das Wissen um den eigenen Wert mit sich fort. Was aber bleibt dann noch?

29 ›Karoline von Günderode‹. Lithographie von V. Schertle. Die urkundliche Fassung des Namens Günderrode (mit zwei »r«) weicht von der Schreibweise in Bettines Werk ab. Da der Name sehr häufig in der von Bettine gewählten Schreibweise auftaucht, haben wir uns in diesem Buch ebenfalls dafür entschieden.

Im Sommer 1804 trifft Karoline in Heidelberg auf den Altertumswissenschaftler Georg Friedrich Creuzer, der – aus Pflichtgefühl, wie er sagt – mit der 13 Jahre älteren Witwe seines einstigen Professors verheiratet ist. Ein leidenschaftliches Liebesverhältnis beginnt. Er will sich scheiden lassen (oder auch nicht), Schwüre der Entsagung und das erneute Aufeinanderzufliegen lösen sich ab. Ein Zusammenleben zu dritt wird erwogen, sogar Gedanken an einen gemeinsamen Selbstmord klingen an. Man durchlebt alle Irrungen und Wirrungen einer im Grunde ausweglosen und daher zermürbenden Dreieckskonstellation. Den Umständen entsprechend, schreibt sie ihm als »Freund«, d. h. sie gibt sich einen Decknamen. »Der Freund war eben hier ... Sagen Sie mir, wie haben Sie ihn so gewonnen? Was sein übriges Leben betrifft, so merke ich immer mehr, daß seine heroische Seite sich in Liebesweichheit und Liebessehnen ganz aufgelöst hat. Dieser Zustand ist nicht gut für einen Menschen, der doch für sich allein stehen muß.« Dennoch läßt sie den Dingen ihren Lauf.

Er nennt sie »meine Gattin« (233) und bekennt doch auch, »durch die Bürgerlichkeit von vielen Seiten eingekerkert« (207) zu sein. Seine Freunde jedenfalls, mit denen er die Angelegenheit bespricht, hegen Bedenken gegen eine eheliche Verbindung mit ihr, deren Poesie doch »etwas zu kühn und männlich« (235) erscheine. Eine rezeptive künstlerische Tätigkeit mag für eine Frau noch angehen. Ebenso das Briefeschreiben und folglich die Gattung des Briefromans, da diese keinen strengen Formwillen voraussetze und somit auch vom schwachen Geschlecht (gerade noch) bewältigbar sei. Karoline hingegen, die sich mit ihrem Selbstverständnis als Dichterin auf Neuland begibt, fängt sich prompt – die Norm ist richtig, der Mensch

Gute Nacht! Du lieber Engel, öffne alle Adern deines weißen Leibes, daß das heiße schäumende Blut aus tausend wonnigen Springbrunnen spritze, so will ich dich sehen und trinken aus den tausend Quellen, trinken, bis ich berauscht bin ... Lägst du nur eine Nacht in meinen Armen, so solltest du dir meine Liebe an deinen warmen Brüsten ausbrühen ... Öffne deine Adern nicht, Günderrödchen, ich will sie dir aufbeißen. O ich bin ein arabisches Roß ...

Clemens Brentano, ebenfalls ein Verehrer, an die Günderode, April 1802. »Es war mir ganz wunderlich zumute, als ich Ihren Brief gelesen hatte« (BG 86ff.), antwortet die als scheu geltende Dichterin, bei der Clemens' Brief einen nachhaltigen Eindruck hinterläßt. Fortan will sie nichts mehr von ihm wissen.

ist falsch! – den Vorwurf der Unweiblichkeit ein. Ja, schlimmer noch, sie beschäftigt sich mit Philosophie, womit – Verstand ist Männersache – die Grenze des Erträglichen endgültig überschritten ist. Kurzum: Zur ordentlichen Gattin taugt sie nicht.

Auch die rechtmäßige Ehefrau (zeitweise hat sie in eine Scheidung eingewilligt) holt nun zum Gegenangriff aus. Sie läßt Creuzer allein und hilft ihm somit – er ist es gewohnt, alle praktischen Dinge des Lebens an sie zu delegieren – auf den Boden der Tatsachen zurück. Gewitterwolken aus spießiger Biederkeit und gnadenlosem Pragmatismus ziehen sich über Karoline zusammen: »Ich weiß«, läßt sie ihn wissen, »daß ich ewig nur streben werde, so zu sein und zu handeln, wie es Ihnen lieb ist, wie es Ihrer innersten Natur geziemt, wie es Ihr äußeres und inneres Leben schön und sorgenfrei erhalten kann« (241). Mit dieser letzten verzweifelten Werbung – dem Versprechen, für ihn zu der Frau zu werden, die sie nicht ist – hat sie zugleich den Endpunkt ihrer Selbstdemontage erreicht.

Creuzer erkrankt und läßt sich von seiner Frau pflegen. Immer mehr neigt er der pragmatischen Seite in seinem gespaltenen Herzen zu, zumal nun auch – wie er Freunden berichtet – ein hilfreich herbeigeeilter Engel ihn darüber aufgeklärt habe, »wie sträflich sein Verhältnis mit der Günderode und wie unrecht er seiner Frau tue« (354). Die weitere Abwicklung der himmlischen Entscheidung überläßt er seinem Freund Carl Daub. Der wiederum schaltet eine gute Freundin der Günderode ein, mit der Bitte, ihr die Botschaft »schonend« zu überbringen: »Creuzers bestimmt und entschieden erklärter Wille ist es, daß das bisher zwischen ihm und der Fräulein Karoline bestandene Verhältnis aufgehoben, daß es vernichtet sei … Er selbst verlangte von mir die Bitte an Sie, dem Fräulein, diese Nachricht mitzuteilen.« (340) Am 26. Juli 1806 erdolcht sich Karoline von Günderode in Winkel am Rhein.

Deutsche Dichter und Denker über die Zerrüttung des weiblichen Hormonhaushalts infolge des Schreibens:
Friedrich Schlegel zum Romanvorhaben seiner Schwägerin Karoline: »Mit der Weiblichkeit ist es nun doch vorbei.« Joseph von Eichendorff über die deutsche Salon-Poesie der Frauen: »So steht eine dichtende Frau allerdings schon an der äußersten Grenze ihres natürlichen Berufes.« Sowie – last, but not least – Clemens Brentano: »Große Handlungen eines Weibes sind mir immer durchaus fatal gewesen, wenn sie nicht von dem Geschlechtstriebe oder der Mütterlichkeit ausgehen, das

»Sie geht aus dem Nicht-Leben, nicht aus dem Leben« schreibt Christa Wolf über diesen Selbstmord, dessen Anlaß (nicht seine Ursache) eine unglückliche Liebschaft ist. Karolines Fluchtversuch an die Seite Creuzers – einen Ort, den sie um den Preis des Selbstverlustes zu erkaufen bereit ist – scheitert, muß scheitern. Als schmückendes Beiwerk und hauptberufliche Beglückerin taugt sie eben nicht, denn sie ist – sie selbst mag es zeitweise bedauert haben – zu begabt und klug. ›Kein Ort, Nirgends‹ betitelt Christa Wolf ihre das Schicksal Kleists und der Günderode zusammensehende Erzählung und beschreibt somit, was dieses Leben so ausweglos macht. Der Rahmen der traditionellen Ehe ist zu eng, neue Räume für Frauen von ihrem Schlag sind noch nicht erschlossen. Wohin mit diesem Leben? Die Stärke Bettines, die durchhalten und sodann ihren Ort in der Gesellschaft erobern wird, hat sie nicht: »Dir nachzukommen, die Flügel sind mir nicht gewachsen.« (G 498) Also geht sie.

Creuzer, der in die Welt, wie sie eben ist, zurückkehrt, ringt im folgenden um sein gesellschaftliches Überleben. Einst gewaltig wogende Gefühle plätschern daher in Seichtheit aus. Das letzte gemeinsame Projekt, die Veröffentlichung des ihm anvertrauten Werkes ›Melete‹, muß aus Gründen der Diskretion entfallen – »Daub hat mich nämlich durch siegende Gründe überzeugt, daß die Unterdrückung dieser Schrift durchaus nötig sei« (BG 361). Briefe verfänglichen Inhalts werden vernichtet, in seinen Memoiren bleibt die Günderode unerwähnt. Es ist Bettine zu verdanken, daß 1857 eine erste Ausgabe der Werke der Dichterin erscheint und ihr Name, entgegen aller Vertuschungsversuche, durch das nach der Freundin benannte Buch nicht dem Vergessen preisgegeben wird.

Weib kann nie menschlich groß sein, ohne mir das ekelhafte Geheimnis der Unfruchtbarkeit zu verraten.« (BG 92)

Weibliche Kreativität beschränkt sich eben auf das Gebären, weswegen – wie Karl Gutzkow in seinem Artikel ›Rahel, Bettina, die Stieglitz‹ (1839) zu berichten weiß – »der Geist der Frau nie schöpferisch wird«. Freilich glaubt Gutzkow an Frauen wie Bettine und Rahel Varnhagen »eine unglaubliche Steigerung der Empfänglichkeit« zu erkennen, aufgrund derer er ihnen eine gewisse Größe zuspricht - »im Anknüpfen, Ausspinnen und Ausbauen dessen, was die Schöpfungskraft der Männer beiseite liegen läßt.«

Bettine Brentano und Achim von Arnim

Die Bekanntschaft Bettine Brentanos mit Achim von Arnim reicht bis ins Jahr 1802 zurück, in dem sich beide über Bettines Bruder Clemens kennenlernen. Bereits zu diesem Zeitpunkt hätte Clemens eine Verbindung zwischen dem Dichterfreund und der Schwester begrüßt, doch neun Jahre vergehen, bis sich beide zur Ehe entschließen. Im Herbst 1805 werden Achim und Bettine Paten des ersten Kindes der Savignys. Immer wiederkehrende Begegnungen und ein ausgedehnter Briefwechsel schließen sich an.

Bettine und Achim schreiben sich als Freunde. Achim hat im Jahr 1807 das Schicksal in Gestalt der Auguste Schwinck ereilt oder besser gestreift. Sie hat ihn nicht gewollt. Er ist am Boden zerstört und schildert Bettine das Desaster. Sie ist es, die ihm hilft, daß er wieder auf die Beine zu stehen kommt, wenn auch noch mit zittrigen Knien: »Dabei freu ich mich, daß Maria Stuart, Helena, Kleopatra tot sind, daß ich mich nicht in sie verlieben brauche.« Und er – man ist noch per Sie – fügt hinzu: »In Ihrem Schutze finde ich doch allein Ruhe.« (A1, 114f.)

Bettine schreibt einstweilen Liebesbriefe an Ludwig Tieck (»ich weiß nicht, wieviel Sie vertragen an Liebe«, 21). In das Jahr 1807 fällt die Begegnung mit Goethe, den sie schwärmerisch verehrt. In Landshut lernt sie sodann den Studenten Max Prokop von Freyberg kennen, mit dem sie einen ausgedehnten Briefwechsel führt und zarte Bande anknüpft, die zur ernsthaften Konkurrenz der Beziehung zu Achim werden.

Dennoch steht Bettine nicht – wie bisweilen zu lesen ist – zwischen verschiedenen Männern, eigentlich steht sie nirgends.

Bei aller Begeisterung hinterläßt **Goethe** keineswegs einen ungeteilt positiven Eindruck. »Vor ein paar Tagen hab ich einen Brief von ihm gelesen, den er vor dreißig Jahren an seine Mutter geschrieben hatte«, so Bettine an Achim, »um sie über seine Gesundheit zu beruhigen: ›Wenn man ewig mit dem Zweck umgeht‹, sagt er, ›das Rechte zu befördern, wenn man dabei nicht außer Gefahr ist, es gar zu verfehlen, so kann man nicht immer fröhlich sein und einen Bauch und fette Backen haben.‹ Jetzt ist ihm der dicke Bauch und das Dopppelkinn nachgekommen.« (März 1808, 169)

Die Frage »Wo ist mein Ort in der Welt?« bleibt weiter ungeklärt, zumal Wunsch und Wirklichkeit weit auseinanderklaffen. »Lieber Freund«, schreibt sie 1810 an Max Prokop von Freyberg, »weißt du, was meine Sehnsucht, mein Begehren auf dieser Welt war? ich hätte mögen als Held dies Leben verdienen doppelt und 3fach oder es abschütteln; wenn ich sah, daß die Völker in den Krieg zogen, da fragt ich mich hundert mal, wie ich so ruhig bleiben könne ... Oft hab ich zum Arnim gesagt: wenn du in den Krieg ziehst, so geh ich mit, er dachte es sei aus Liebe zu ihm, es wars auch, aber noch mehr wie dies.« Hätte sie die Wahl gehabt, so hätte sie sich nicht für Heim und Herd, sondern für das Heldentum im Kampf gegen die napoleonische Fremdherrschaft entschieden: »Dir gesteh ich's allein, du lachest mich nicht aus, darum weil ich ein schwaches Mädgen bin.« (MP 121f.)

Die Zeit der Freundschaft zwischen Achim und Bettine ist auch die eines zaghaften Abtastens, inwieweit ein »Mehr-als-Freundschaft« möglich ist. Bei-sich- und Miteinander-Sein bilden für Bettine keine Gegensätze. Achim hingegen reagiert irritiert auf Bettines »Klarheit durch sich selbst« und schließt daraus: »Sie kann ewig nur durch sich froh werden und traurig.« Sie braucht ihn nicht, also will sie ihn nicht, so der verquere Rückschluß. »Die ganze Richtung unserer Kräfte«, läßt er Clemens wissen, »treibt entgegengesetzt.« (A1, 15)

30 Achim von Arnim. Gemälde von Peter Eduard Ströhling, 1804

(I)ch bin dem Arnim gut, wie ich der Welt, wie ich allem gut bin, in dem Moment wo und wie sich Gott darin spiegelt.

Bettine (A1, 75)
Ende eines Briefes an Achim, August 1806

Im August 1806 verzichtet Kaiser Franz II. von Österreich unter dem Druck Napoleons auf die Kaiserkrone und vollzieht somit auch formal das Ende des Heiligen Römischen Reiches Deutscher Nation, das infolge der napoleonischen Kriege zerschlagen worden ist. Weite Teile des in zahlreiche Kleinstaaten zersplitterten Reiches stehen nun unter napoleonischer Vorherrschaft – mit zwiespältigen Folgen. Einerseits werden die Errungenschaften der französischen Revolution ins Deutsche Reich getragen und demokratische Reformen durchgeführt, andererseits empfindet man die französische Vormachtstellung als bedrückende Fremdherrschaft. Folglich erfaßt eine Woge der nationalen Begeisterung die Menschen. Zahllose Freiwillige ziehen in den Befreiungskriegen (1813–1815) gegen Napoleon, aber auch gegen Fürstenherrschaft und Kleinstaaterei, d.h. für ein einiges demokratisches Deutschland, ins Feld.

Nationalistisches Gedankengut ist heute überholt und in Deutschland durch die Erfahrungen des Dritten Reiches nachdrücklich diskreditiert. Im letzten Jahrhundert impliziert es die Forderung nach Selbstbestimmung der Nationen, nach Grund- und Menschenrechten, nach einer Verfassung sowie nach einem gewählten Parlament, das Gesetze beschließt und die Regierung kontrolliert. Nationalistische Töne haben bei Bettine – wie bei vielen ihrer Zeitgenossen – also keine reaktionäre, sondern eine fortschrittliche Ausrichtung.

31 Germania. Gemälde von Philipp Veit, 1848

Die Hoffnungen auf Erneuerung wird im übrigen bitter enttäuscht. Nach der Niederlage Napoleons läuten die Siegermächte auf dem Wiener Kongreß (1814–1815) unter der Führung Metternichs das Zeitalter der Restauration ein. Die alte Feudalordnung wird wiederhergestellt. Mit dem 39 Mitglieder umfassenden Deutschen Bund (1815–1866), der an die Stelle des erstrebten Nationalstaates tritt, wird ein lockerer Staatenverbund geschaffen, der die Souveränität der Einzelfürsten nicht antastet. Durch zahlreiche restriktive Maßnahmen (Zensur, Spitzelwesen usw.) stellt man die äußere Ruhe wieder her, in die sich viele Bürger, denen Ordnung mehr als Freiheit gilt, bereitwillig fügen (Epoche des Biedermeier). Dennoch gelingt es nicht, die demokratische Bewegung auf Dauer zu unterdrücken. 1815 werden die deutschen Burschenschaften gegründet, die sich 1817 auf der Wartburg versammeln. Ihr Fest wird zu einem Fanal der aufbegehrenden, nach demokratischer Erneuerung strebenden studentischen Jugend, der die ganze Sympathie Bettines gilt.

Auch Bettines Forderung, daß »du mich nicht lieb haben sollst wie andre, sondern ganz allein wie mich« (127), sorgt für Irritation, und Achim bekennt, »daß ich das noch nicht verstehe« (134). Offenbar hat sich Achim andere Vorstellungen von seiner zukünftigen Frau gemacht. Wider Erwarten keimt eine tiefergehende Zuneigung in ihm auf, die ihn feststellen läßt, »daß ich dir gut bin, ungeachtet du ganz anders bist, als ich der Idee nach in mir Mädchen, denen ich gut sein könnte, dachte« (188).

Der Sinn der Liebe besteht für Bettine darin, daß sich der Mensch in ihr findet, nicht daß er sich in ihr verliert. Ob die Liebe hilft, die Flügel der individuellen Anlagen zu entfalten oder ob sie die Flügel stutzt, entscheidet über ihr Gelingen. Es ist also die Gretchenfrage, die sie ihm stellt: »Hast du auch die Mädchen gern, die wie die Schwalben sind?« (202)

Wesentliche Fragen sind angerissen, geklärt sind sie nicht. Unbändige Heiratslust macht sich weder bei Achim und schon gar nicht bei Bettine breit. Achim durchstreift weiterhin die Lande, während Bettine unter familiäre Aufsicht gestellt bleibt und ein Leben in der ungeliebten Warteschleife zum ungeliebten Ehestand führt. Der entscheidende Anstoß erfolgt von außen. Achims Großmutter und Erzieherin Caroline von Labes, die den dichtenden Enkel schon lange in Verdacht hat, es an mannhafter Strebsamkeit und Pflichterfüllung fehlen zu lassen, macht der Drückebergerei ein Ende. Der Rückruf zu Sitte und Anstand erfolgt in Form ihres Testaments, das nicht Achim, sondern dessen noch nicht vorhandene Kinder (d. h. Söhne) als Erben und somit Achim als deren Vermögensverwalter einsetzt. »(S)o war mein Entschluß«, schreibt

32 Bettine mit Arnims ›Wintergarten‹. Radierung von Ludwig Emil Grimm, 1809

Achim an Bettine, »nach der Eröffnung des Testamentes bald gefaßt, das Meinige zu tun, um rechtmäßige Kinder zu haben. Da brauchte es nicht langer Zweifel, ich wußte niemand auf der Welt, von der ich so gern ein Ebenbild besessen hätte ... als dich.« (A2, 359) Nun ist es an Bettine, das Ihrige zu tun. Lange genug hat sie ihr zukünftiges Schicksal in der Schwebe gehalten. Mit 25 Jahren wird es höchste Zeit (jedenfalls nach zeitgenössischer Auffassung), um auf dem Boden der Tatsachen zu landen. Wenn sie schon landen muß, wählt sie sich Achim als geeigneten Kandidaten. »Arnim«, schreibt sie an ihren Schwager Savigny, »ist doch der Mensch, der alles Recht auf mich hat.« (5, 282) Im Dezember 1810 ist Verlobung, am 11. März 1811 die Trauung. »Gott macht die Liebe, und der Teufel die Heiraten«, hatte der frischgebackene Ehemann noch 1809 an seinen Freund Clemens geschrieben.

Es ist keine Liebesheirat, aber auch nicht die zu diesen Zeiten übliche Vernunftehe, die beide miteinander eingehen. Eher ist es – da gesellschaftliche Normen und eine noch nach ihrem Tod für Ordnung sorgende Großmutter drängen – eine Heirat aus Zuneigung und Wertschätzung, bis ihnen das Eheleben neue Dimensionen der Innigkeit erschließt. Dies jedenfalls ist der Eindruck, den man bei Lektüre der Ehebriefe aus den frühen Jahren gewinnt. »Der schwarze Stein an der Kaaba«, so Achim an Bettine, »den alle Muselmänner verehren, soll das Ja aller Kreaturen enthalten, das sie aussagten, als der Herr fragte, wie ihnen die Schöpfung gefalle, am jüngsten Tag wird er denen zum Vorwurf aufgebrochen, die sich über die Welt

Für den heiratslustigen **Metzgermeister Kugler** gehen Herzens- und Geschäftsangelegenheiten in eins. Enttäuscht muß er feststellen, daß ihm Berthold, der Bürgermeister von Weiblingen und Held von Achim von Arnims Roman ›Die Kronenwächter‹ (1817), die stattliche Anne vor der Nase weggeschnappt hat, um deren kräftige Hand er gerade anhalten wollte: »Da sagt mir beim heiligen Kristophel, was wollt ihr mit der großen Dirne ... Ihr kriegt überall eine vornehmere und reichere, die in Gelehrsamkeit erzogen ist, ich aber kann keine andre brauchen, als so eine, die ein halbes Rind aufheben und an den Haken hängen kann. ... auch muß sie den Lehrburschen eins verreichen können, wenn sie die Wurst nicht fein hacken.« – »Lieber Meister«, antwortete Berthold, »unser Ännchen kann mehr, als das, wollt ihr nur ein starkes, großes Mädchen, ich schaffe euch in Weiblingen ein Dutzend zur Auswahl.« – »Darauf gebt mir die Hand«, antwortete Kugler, »und so will ich mir Annen aus dem Kopf schlagen.«

beschweren; du bist mein schwarzer Stein mit deinen dunklen Augen, du enthältst auch mein Ja zur Schöpfung und dich will ich küssen, um dieses Jas wieder erinnert zu werden.« (B1, 97)

33 Gisela von Arnim, die Lieblingstochter Bettines

In rascher Folge werden die Kinder geboren: Freimund (1812), Siegmund (1813), Friedemund (1815), Kühnemund (1817), Maximiliane (1818), Armgart (1821) sowie – »manchmal befällt mich der Wahn, ich sei schwanger, und dann erfüllt mich eine unsägliche Angst, die ich gern mit einer anderen Krankheit umtauschen möchte« (B2, 639) – die Nachzüglerin Gisela (1827). Bettines Schwangerschaften sind schwer, den Entbindungen sieht sie mit großer Sorge entgegen. Ende des 18. Jahrhunderts stirbt jede zwölfte Frau infolge ihrer Mutterschaft. Um diese Gefahr weiß auch Achim, bei dessen Geburt seine Mutter gestorben war. »Du armer geplagter Engel«, schreibt er an Bettine, »wenn ich nur für dich einmal niederkommen könnte.« (B1, 94f.)

»Aber sehr gut wird es sein, wenn wir die Zahl unserer Kinder zu vermehren meiden« (256), so Bettine im November 1820 an Achim. Man faßt gute Vorsätze, um dem Kindersegen Einhalt zu gebieten – bedient sich also derjenigen Verhütungsmethode, die mit einem doppelten Risikofaktor belastet und daher traditionell die unsicherste ist. Es folgen Sorgen über Sorgen und dann doch die Freude über das entzückende Mal-

Der patriotische Zeitgeist findet in den Namen der Söhne seinen Niederschlag, die Achim nach dem jeweiligen Stand der Befreiungskriege gegen Napoleon auswählt. Sein Sohn Freimund sucht, da er selbst Vater geworden ist, die Tradition fortzusetzen. Nach dem Bericht seiner Schwester Maxe soll der auf dem Gut Bärwalde geborene erste Sohn »den Namen Berwalter, Deutschmund oder Nationalpatentmund erhalten« (Fr 131). Das Schicksal nimmt eine gütige Wendung, so daß der Junge letztlich auf den Namen seines Großvaters, Achim, getauft wird.

Heute am 5ten May bist du auf die Welt gekommen das war anno 1813 also bist du Heute 42 jahr alt geworden Anno 13 habe ich sehr viel Schmerzen um dich ausgestanden, der Accoujeur fragte deinen Vater »wer soll gerettet werden, das Kind oder Die Mutter?« ich nahm das Wort und rief Laut, das Kind soll gerettet werden; denn dein Vater war in so großen Ängsten das er nicht sprechen konnte … der Vater hatte dich schon so lieb daß es ihm unmöglich war über dich auszusprechen darum mußte er mein Wort gelten lassen wie einen Orakelspruch und so sind wir ihm beide gerettet worden; du hast mir dies alles tausendfach vergolten denn du bist mir Vater und Bruder und Sohn, behalte mich lieb.

Mutter, geschrieben am 5ten Mai, 1856

Bettine im Alter von 71 Jahren an ihren ältesten Sohn Freimund

heur: »Wenn du unser Kleinstes einmal herzen könntest«, so Bettine Ende 1821, »es ist so engelsallerliebst und schön … Ich muß mich oft halb tot über dies Kind freuen. Obschon ich es wider Willen von dir angenommen habe, so dank ich dir's heimlich jede Minute.« (321)

Die Ehebriefe zeigen Bettine als Hausfrau und Mutter. Trotz Dienstboten bleibt im Haushalt, wo zu diesen Zeiten vieles noch selbst hergestellt wird (Brot, Butter, Verarbeitung von Fleisch, Obst und Gemüse), mehr als genug zu tun. Mal ist dieses Kind krank, mal jenes. Ansteckende Krankheiten verwandeln in regelmäßigen Abständen die Wohnung in ein Lazarett. Oft genug scheint Bettine an der Grenze ihrer Belastbarkeit angekommen. 1817 schreibt sie an Achim, »daß Kinder und Mutter gesund sind, letztere aber sehr gequält ist; in diesem Augenblick stehen sie um mich her und schreien, daß mir Hören und Sehen vergeht … Heut ist die Reihe an Siegmund, der schreit als ob er am Spieß stäke; ich gestehe, daß es eine große Schwäche von mir ist, aber wenn ich manchmal so 24 Stunden habe Geduld haben müssen, wenn das Kleine denn noch an der Brust liegt, wenn das Essen noch verbrennt

Bettina von Arnim wiederholte neulich, was sie mir schon vor 20 Jahren gesagt, daß sie ihren Mann nicht eigentlich geliebt, sondern nur aus Ehrfurcht geheiratet habe.

Varnhagen in seinem Tagebuch, 29. August 1854

oder verdorben ist, wo ich denn keine Milch für das Kind habe, dann denk ich auch als an die Zeit, wo man schläft und nicht wieder aufwacht.« (77f.) Mehr und mehr schleichen sich traurige Töne ein: »Ach lieber Alter, ich bin nun schon über die Hälfte meines Lebens, und sehe wohl ein, daß ich geboren bin zum Dulden, aber nicht zum eignen freien Bewegen, so sehr ich mich auch in meinen früheren Jahren danach gesehnt habe.« (50)

34 Maxe und Armgart von Arnim. Bleistiftzeichnung von Caroline Bardua, 1837

In der Frühzeit ihrer Ehe leben Achim und Bettine in Berlin. Im April 1814 erfolgt – vor allem aus Gründen der Kostenersparnis – der Umzug auf Arnims Landgut Wiepersdorf. »Bettine führt die Haushaltung selbst«, so Wilhelm Grimm 1816 an seinen Bruder Jacob, »hat aber keine Lust an diesem Wesen, daher wird ihr alles sauer.« Das Landleben bietet – außer dem fidelen Prediger Salpius – kaum Attraktionen. Achim, der zur Introvertiertheit neigt, fühlt sich wohl, während Bettine, die äußere Anregungen und geistreiche Gesellschaft braucht, tod-

»Mein Kind gefällt mir im ganzen sehr wohl«, schreibt Clemens Brentano 1804 in eher verhaltener Formulierung an Karoline von Günderrode und fügt hinzu, wieso er sich nicht tiefer in die Liebe zu seinem Kind hineinwagt: »Es wäre imstande und packte diese Liebe ein und ging mit ihr in die andere Welt.« Infolge mangelnder Hygiene, ungenügender medizinischer Kenntnisse sowie Fehl- bzw. Unterernährung stirbt etwa ein Viertel der Säuglinge vor Vollendung des ersten Lebensjahres. Etwa die Hälfte der Kinder wird keine zehn Jahre alt. Allein die Tatsache, daß alle ihre Kinder das Erwachsenenalter erreichen (Kühnemund stirbt 1835 bei einem Badeunfall), belegt, was für eine gute Mutter Bettine ist.

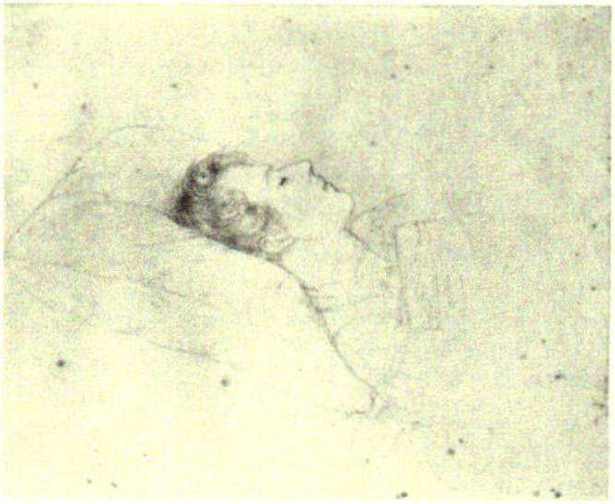

35 Kühnemund von Arnim auf dem Totenbett. Zeichnung von unbekannter Hand, 1835

unglücklich ist. Anfang 1817 zieht Bettine mit den Kindern nach Berlin um. Ein Dauerkonflikt bricht auf. Bettine sucht Achim zum Umzug nach Berlin zu bewegen, er sie zur Rückkehr nach Wiepersdorf. Erst im Januar 1825 arrangiert man sich mühsam. Bettine und die Kinder bleiben in Berlin, während Achim, bei stets knappen Finanzen, seine Güter bestellt; ein verantwortungsvoller Vater, der sich sorgt, »daß die Kinder mir einst zürnen werden, daß ich nicht besser wirtschaftete, während ich sparte all mein Tagelang« (19).

Man streitet ums Geld und um die Kinder. Achim, der auch in Erziehungsfragen um vieles konservativer ist als Bettine, macht in den Kindern »wahre Musterbilder von aller Art Nachlässigkeit, Unordnung und Unreinlichkeit« (B2, 615) und in seiner Frau die Ursache des Übels aus. Bettine hingegen, die einen Dichter geheiratet und nun einen Landwirt zum Ehemann hat, überhäuft ihn mit Vorwürfen, daß er seine Begabung verkommen lasse. Sie diagnostiziert ein »aus Zorn und Hypochondrie zusammengesetztes Phlegma« (B1, 204), das bewirkt, »daß du aus einem freien, mutigen Staats- und Freudenpferd einen schlechten Ackergaul aus dir machst« (B2, 585). »Du alter Sauerteig von Sorgen« (685), heißt es an anderer Stelle in merklich robuster werdendem Ton.

»Meine Seligkeit ist es, die weiche Schnauze meines kleinen falben Füllens zu küssen und mit der bunten Schar

36 Berlin im Jahr 1831. Blick von der Judenstraße in die Parochialstraße zur Nikolaikirche. Gemälde von Eduard Gaertner

Der Prediger hat einen großen Ball gegeben, wobei er vorgetanzt hat und alle Frauenzimmer tüchtig abgeküßt, hat sich auch auf der Frau Konrad ihren Schoß gesetzt und nach ihrem eigenen Ausdruck auf ihr herumgestuckt.
An Achim von Arnim, B1, 31

Kälber unter viel hundertjährigen Eichen des Waldes zu jagen« (B1, 281f.), schreibt Achim an Bettine, die freilich die Freude in seinen Zeilen überliest. Wieviel ihrer eigenen künstlerischen Ambitionen hat sie auf ihn übertragen? Wieviel ihres ungelebten Lebens ihm zur Verwirklichung untergeschoben? »Ein ganz anderes, viel tieferes Leben … fordert noch zu ganz anderen Dingen auf, und daß ich auch diesem nicht willfahren kann, das rechne ich mir zur Sünde der Schwächlichkeit und zugleich zur Strafe an« (275), schreibt sie 1821, bleibt bei sich und folglich in der Wahrheit.

37 Das Gut Wiepersdorf. Anonyme Zeichnung

Achim ist im übrigen auch weiterhin schriftstellerisch tätig. Nur ist sie darüber nicht genug informiert. Über literarische Themen sind die beiden hohen literarischen Begabungen nur wenig im Gespräch. Statt dessen gerät sie in die Rolle der nörgelnden Ehefrau, er in die des genervten Ehemanns. Dem Jahr 1821 enstammt das traurig-trotzige Bekenntnis des sich im Abseits glaubenden Familienvaters, »daß ich lieber die Einsamkeit hier ertragen will, als dich oder die Kinder in ihrer Existenz zu stören« (B1, 285). »Ich habe die 12 Jahre meines Ehestandes leiblich und geistigerweise auf der Marterbank zugebracht«, schreibt Bettine 1822 an Savigny in einem Brief, der mit den Worten schließt: »Mein Perspektiv ist das End aller Dinge.« (AM 233f). Hat also doch der Teufel das Heiraten gemacht?

Sicher ist, daß die zeitgenössische Ehe – mit ihrem überreichen Kindersegen, den zahlreichen Sorgen des Alltags und ins-

Indessen lasse ich mir alle Unbequemlichkeiten gefallen … Viel schwerer ist es, im Getümmel aller verkehrten Lebensanstalten sich selber nicht zu verlieren oder sich nicht hinreißen zu lassen zu allen Verkehrtheiten, wozu ich auch die rechne …, daß man der Seele oder dem Gemüt aufs Maul schlägt, wenn es einmal muckst und auch etwas verlangt, oder sich selbst so abspannt, daß man nichts mehr verlangt, als was der zufällige Tag mit sich bringt. (B2, 585)

Bettine im März 1826

besondere mit ihrer rigiden Festschreibung der Geschlechterrollen – einen zu engen Rahmen darstellt. Wirklich begegnen können sie sich in ihr nicht. So verfehlen sich insbesondere der Dichter und die Dichterin, die sie immer war, aber an seiner Seite nicht werden konnte. Nichts deutet darauf hin, daß er um ihre Begabung gewußt hat. Und auch sie wird kaum darum gewußt haben, jedenfalls so lange nicht, wie sie das, was in ihr nach Dichtung rief, dahingehend interpretierte, daß der Gatte an den Schreibtisch zu treiben sei.

Was bleibt, ist die Geschichte einer langsamen Annäherung, der liebevollen Begegnung und der langsamen Entfremdung, in der freilich immer noch Raum für ein kurzes Aufflammen dessen bleibt, was einst zwischen beiden möglich war: »Ich wollte doch nur, daß du erst hier wärst, so wollte ich dich gewiß nicht so bald fortlassen« (B2, 929), schreibt Bettine am 18. Januar 1831. Es ist ihr letzter Brief an ihn. Am 21. Januar stirbt Achim von Arnim völlig überraschend kurz vor seinem 50. Geburtstag.

Am 24. März 1831 berichtet Leopold von Ranke seinem Bruder von Bettines Reaktion auf Achims Tod: »Sie selbst behauptet, ihn nicht verloren zu haben. Denn da die Menschen miteinander auch in der Liebe oft nur in einem Scheingespräch seien, von dem ihr wahres Dasein nichts wisse, in dem dies sich sogar verhülle, so trete man durch den Tod mit jemand in eine wahrere, tiefere Gemeinschaft, als die das Leben erlaube.« Und Ranke fügt gleichermaßen befremdet wie beeindruckt hinzu: »Ich kann dir nicht sagen, mit welchem Erstaunen und Wohlgefallen ich ihr … zuhöre.« (931) Bettines Einsicht in die »Scheingespräche«, die man oft genug im Leben führt, ist gleichermaßen wahr wie bitter. Doch klingt in diesen Zeilen auch eine der schönsten Eigenschaften Bettines, ihr lebenskluger Optimismus, an. Klug ist das Wissen darum, daß das Leben

Wenn der Sturm treibt,
Wenn es lichtstill,
Wenn es Nacht bleibt
Und ich sehn will
Denk ich, was mein Kind macht,
Ob es weint, ob es lacht:
Weine nicht sag ich dann
Lustig fängt die Welt an,
Oben offen
Unten grün
Frühlingshoffen
Bauet kühn,
Und am Ende wirds ein Haus,
Keiner schauet da hinaus.

Achim von Arnim, Wiepersdorf,
9. März 1822 (B1, 349f.)

mit seinen Notwendigkeiten und Zwängen der Ort ist, an dem man streitet, ja an dem gestritten werden muß. Nicht minder klug ist es allerdings auch, dem Unfruchtbaren »Ach, hätt ich doch!« keinen Raum zu geben, sondern das, worin man sich verfehlte, ihm und vor allen Dingen auch sich selbst zu verzeihen. Die Beziehung zu Achim (auch mit Toten muß man leben!) tritt so in eine neue Phase ein und öffnet sich zu einer letzten Versöhnung hin. Sie wird ihn liebevoll im Gedächtnis bewahren, die gemeinsamen Kinder erziehen, und sie wird vor allem das Vermächtnis des Dichters hüten. 1839 beginnt sie mit der Herausgabe seiner gesammelten Werke.

Noch einmal macht es Sinn, zwischen Ideal und Lebenswirklichkeit, d.h. zwischen der Liebe zweier Menschen und ihrer Ehe an der Wende vom 18. zum 19. Jahrhundert, zu unterscheiden. Erst vor diesem Hintergrund läßt sich das untergründige Aufatmen verstehen, das verschiedentlich in Bettines Aussagen spürbar ist. Es gilt nicht dem tief betrauerten Verlust, sondern der Auflösung einer Form des Zusammenlebens, die man nicht zuletzt deshalb wählte, weil man keine andere Wahl hatte. Bereits in dem am 11. Februar an ihre Schwester Meline geschickten Schreiben verweist das Bild der vor Schmerz vereisten Seele auf neues Wachstum: »Die Tränen, die fließen, sind dem Tau zu vergleichen, der im Frühling das Erdreich lockert, um das Feuer der Sonne tief an die Wurzeln zu saugen, daß sie neu wieder hervorsprießen können; und dann ereignet sich so manches Neue im inneren Menschen, man wird Wege gewahr, die man vorher nie betreten, man fühlt sich vorbereitet zu manchem, was einem früher nie in den Sinn gekommen sein würde.« (PÜ 163f.) Ein Brief an Rahel Varnhagen berichtet von dem schweren Verlust, aber auch davon, daß sich Bettine – »nach der gewaltigen, zerreißenden

Als Achim von Arnim in Wiepersdorf plötzlich gestorben war, kam die Nachricht frühmorgens hier an, und ich wurde sogleich zu Bettinen gerufen. Ich eilte hin, fand sie noch zu Bette, und Hrn. und Frau von Savigny bei ihr im Zimmer, die mich erwarteten. Bettine weinte und schrie dazwischen heftig, rang die Hände, und wußte in ihrem Schmerz sich nicht zu lassen. Ich suchte mich nach ihrem Zustande zu richten, tröstete sie nicht zudringend, sprach mit Savigny's und ließ mir die Arbeit eines kurzen Nekrologs aufbürden, wofür Bettina sehr dankbar war. Ich verließ sie in heftigen Stürmen. *Varnhagen von Ense, Freund der Familie, Kat 69*

Epoche, wo meine innerste Natur in Streit war mit allem Unabwendbaren« – nun »in neuen Boden versetzt« weiß (176f.). In tiefster Nacht atmet sie Morgenluft. Die Pflichten gegenüber Gesellschaft und Ehemann sind erfüllt. Was noch zu erfüllen bleibt, ist die Pflicht gegen sich selbst.

Kinder

»Wir sind als Kinder wohl recht wilde Hummeln gewesen, die die Freiheit, die uns die Mutter gewährte, weidlich ausnutzten. Solange ihre Kinder noch äußerlich hilfsbedürftig waren, war die Mutter mit größter, ja übertriebener, ängstlicher Treue um sie besorgt, sobald sie aber flügge geworden, ließ sie sie frei fliegen. Das beruhte nicht etwa auf Gleichgültigkeit oder Bequemlichkeit, sondern auf ihrem felsenfesten Glauben, daß das Gute im Menschen sich frei entwickeln müsse. Und merkwürdig: So sehr sie die Zügel im einzelnen locker ließ, so daß wir sie gar nicht mehr fühlten, um so fester behielt sie unsere Führung im großen in der Hand. Es hat wohl selten eine Mutter gegeben, die ihren Kindern so volle Freiheit ließ und deren Wille doch auch noch für die bereits erwachsenen so unbedingte Autorität, eine innerlich zwingende Macht war.« (Kat 68) Diese Beschreibung stammt von Maximiliane, die als Kind offenbar die Oberhummel unter Bettines Kindern war. »Die Max kann ich nicht aus den Augen lassen, sie hat Tage, wo man glaubt, sie sei wahnsinnig« (B2, 631), schreibt Bettine im Jahr 1826. »Zuweilen meine ich«, antwortet Achim, der schon immer zu Zucht, Anstand, Sauberkeit und Fleiß, also zum Durchgreifen, geraten hatte, »es wäre den Knaben besser, sie auf eine entfernte Schulanstalt zu bringen, wo sie zu allen Jahreszeiten mit Ernst und Strenge gehalten werden, beten

Da ich noch ein stilles Kind war und von dem allen, was uns umgibt, nichts wußte, war ich da nicht mehr, als jetzt, nach all den Mühen des Herzens und all dem Sinnen und Ringen? Ja! ein göttlich Wesen ist das Kind, solang es nicht in die Chamäleonsfarbe der Menschen getaucht ist. Es ist ganz, was es ist, und darum ist es schön. Der Zwang des Gesetzes und des Schicksals betastet es nicht; im Kind ist Freiheit allein. In ihm ist Frieden; es ist noch nicht mit sich selbst zerfallen. Reichtum ist in ihm; es kennt sein Herz, die Dürftigkeit des Lebens nicht. Es ist unsterblich, denn

38 Kleinkind mit Rassel. Gemälde von Albert Anker (1831–1910)

und arbeiten. Doch ich breche ab von den Kümmernissen, die mich stets plagen und denen ich doch nicht begegnen kann, weil du mir ... in solchen Dingen immer entgegenwirkst, bis der böse Erfolg da ist und du mit Staunen wie bei der Max bemerkst, daß die nun noch ärger vom Geist des Widerspruchs besessen ist.« (641) Auch in Erziehungsfragen sind die Differenzen zwischen den Eheleuten unübersehbar. »Ich kann nicht zwingen, ich kann mit Gewalt keinen Gehorsam verlangen, ich kann den Kindern wohl vorstellen, was ich heilsam, großartig, richtig finde. Aber ich muß ihre Freiheit respektieren, folgen sie nicht, so werd ich's nicht müde werden, ihnen dasselbe vorzustellen«, schreibt Bettine und fügt hinzu: »Je mehr ich diese Naturen beschaue, je mehr bin ich überzeugt, daß nur ein geschärfter Instinkt, keineswegs aber ein studierter Plan auf Kinder einwirken kann.« (B1, 427)

Bettines Vorbehalt gegen den »studierten Plan« bezieht sich auf die schulische Ausbildung der Kinder, die Art des Unterrichts und die Inhalte, die (oft genug auswendig) zu lernen sind. Jener Lehrer, »der von den Kindern sprach, als wenn sie Ungeheuer wären ..., der Unterricht gab mit Hott und Har, wie man die Pferde im Pflug unterrichtet« (426), ist zu diesen Zeiten die Regel, nicht die Ausnahme. Kinder, die, wie die Pferde an den Pflug, an die Vorurteile des Zeitgeistes gewöhnt werden, lassen sich als Erwachsene willig vor den Staatskarren

es weiß vom Tode nichts. Aber das können die Menschen nicht leiden. Das Göttliche muß werden, wie ihrer einer, muß erfahren, daß sie auch da sind, und eh es die Natur aus seinem Paradiese treibt, so schmeicheln und schleppen die Menschen es heraus, auf das Feld des Fluchs, daß es, wie sie, im Schweiße des Angesichts sich abarbeite. Aber schön ist auch die Zeit des Erwachens, wenn man nur zur Unzeit uns nicht weckt.

Friedrich Hölderlin, ›Hyperion‹

spannen. Erziehung im preußischen Geist von Zucht und Ordnung ist Erziehung zum Untertanen, nicht zum freien Menschen. »Mir tut es … schmerzlich weh, die Verkehrtheiten an meinen eigenen Kindern erproben zu sehen, während bessere Einsicht mich belehrt.« (B2, 662)

Im literarischen Werk Bettines spielt das Motiv des Kindes eine wichtige Rolle. Der siebenfachen Mutter erschließt sich schreibend der »keimende Wiesenteppich« der eigenen Kinderjahre neu. »Kind« und »Kindlichkeit« verweisen hierbei auf ihr zentrales Thema, das innerste Selbst des Menschen, das es zu bewahren und sodann in Freiheit zu entfalten gilt. Am unverbildetsten ist dieser Persönlichkeitskern für Bettine in Kindern präsent, er wohnt aber auch in der Kindlichkeit, die sich Erwachsene bewahrt haben. »Wenn einer mit den Kinderschuhen nur nicht auch die kindliche Seele abwirft« (KB 86), ruft die Frau Rat im ›Königsbuch‹ aus. Denn sie kennt einen »natürlichen Trieb …, der in der Seele ihrer eigenschaftlichen Natur liegt«, d.h. eine Art Naturanlage des Menschen, er selbst sein bzw. werden zu wollen; »und (die) soll heilig gehalten und gepflegt werden, und da soll ein jeder immer Kind bleiben« (44).

Vor allem anderen schätzen Bettine und ihr *alter ego*, die Frau Rat, die kindliche Unangepaßtheit, das Widerstandspotential gegen alles scheinbar Unumstößliche, das Querdenken, die Phantasie und den unbestechlichen Blick aufs Wesentliche. Kinder und Narren sagen bekanntlich die Wahrheit, denn beide haben sich (noch) nicht mit der Macht der Tatsachen arrangiert.

Allemal klingt das biblische: »Wenn Ihr nicht werdet wie die Kinder …«, d.h. das Motiv der Gotteskindschaft an. »Freiheit war ihm«, so Bettine über Friedrich Schleiermacher, »der höchste Beweis göttlicher Weisheit. Wir sollen Kinder Gottes werden: das heißt: wir sollen frei werden.« Und sie fügt hinzu: »Wenige haben ihn im ganzen Umfang des Sinnes verstan-

Alles, was ich seh, wie man mit Kindern umgeht, ist Ungerechtigkeit. Nicht Großmut, nicht Wahrhaftigkeit, nicht freier Wille sind die Nahrung ihrer Seele, es liegt ein Sklavendruck auf ihnen. Ach, wenn ein Kind nicht innerlich eine Welt hätte, wo wollt es sich hinretten vor dem Sündenunverstand, der bald den keimenden Wiesenteppich überschwemmt.

G 57

den.« (5, 235) Letzteres kann kaum überraschen, denn eine Theologie, die Gotteskindschaft mit Freiheit übersetzt, steht dem religiösen Zeitgeist diametral entgegen. Eher schon kennt man den lieben Gott als Kinderschreck. Donnerpredigten und Drohungen mit höllischen Folgen (»Sündenunverstand« nennt es Bettine) machen Angst, und sie machen obrigkeitshörig. Aus braven Kindern werden so brave Untertanen.

39 Musizierende Kinder. Gemälde von Anselm Feuerbach, 1855

Dem herrischen Gott, der politische Herrschaft stabilisiert, stellt Bettine die mütterliche Weisheit Gottes gegenüber. Diese Gottheit droht und zwingt nicht, denn Liebe und Freude lassen von allein die stärkste aller Bindungen entstehen: »Die Schönheit erkennen in allem Geschaffenen und sich ihrer freuen, das ist Weisheit und fromm.« (GB 239)

Zu dieser Frömmigkeit haben Kinder (aber auch das innere Kind im Erwachsenen) einen natürlichen Zugang. Lebenslust und Selbstbewußtsein sind deren Folge und nicht zuletzt, daß die Kinder Gottes auf Erden zu mündigen Bürgern und nicht zu Untertanen werden.

»(D)er freie Geist rennt immer der Gottheit in die Arme«, so die tiefe Überzeugung der Frau Rat, »und zwar aus eignem Instinkt, ja er kann gar nicht anderst, denn er sucht seine Mutter die Weisheit … – und das Kind beweist es ja, das aus

Eine Mutter gibt sich alle erdenkliche Mühe, ihr kleines unverständiges Kindchen zufriedenzustellen, sie kommt seinen Bedürfnissen zuvor und macht ihm aus allem ein Spielwerk … Das ist gerade, wie es Gott mit den Menschen macht, er gibt das Schönste, um den Menschen zur Lust, zur Freude zu reizen und ihm den Verstand zu schärfen.

GB 74f.

freien Stücken auch der Mutter in die Arme lauft.« (KB 49) Im Grunde führt die Frau Rat auf theologischer Ebene die Erfahrungen Bettines als Mutter aus. Ihr »felsenfester Glauben«, so Maximiliane, »daß das Gute sich im Menschen frei entwikkeln müsse«, bewirkte, daß sie ihre Kinder freigab und ihr gerade hieraus eine »unbedingte Autorität« erwuchs. Noch heute findet sich die Auffassung, ein solches Konzept sei unrealistisch, denn noch immer wird autoritäres Gebaren mit Autorität verwechselt. Die junge Hummel allerdings, deren freier Flug sie immer wieder zur Mutter zurückführte und die sich als Erwachsene voll Liebe und Respekt ihrer erinnert, bestätigt Bettines Sicht der Dinge.

Bettines Mitarbeiter Heinrich Grunholzer vermerkt in seinem Tagebuch einige ihn wundernde Äußerungen der Frau von Arnim »über die Erziehung, welche Eltern von ihren Kindern erhalten …, wie das Kind die Eltern ergänze, deren Erziehung vollende«. Zu Recht mag man diesen oder jenen literarisch-philosophischen oder auch theologischen (das Motiv der Weisheit als mütterliche Erscheinungsform Gottes ist uralt) Einfluß im Werk Bettines nachweisen. Man sollte darüber allerdings nicht all das vergessen, was die siebenfache Mutter im Umgang mit ihren Kindern gelernt hat.

40 Die kleine Perthes. Gemälde von Philipp Otto Runge, 1805

Wer liebend auf seinem Weg weitergeht bis ans Ende, der hat die Wallfahrt nach seiner Heimat recht als ein Kind mit aller Andacht vollendet und kommt auch als Kind an das End seines Lebens.

FK 287

›Goethes Briefwechsel mit einem Kinde‹

Bettines Erstlingswerk geht auf ihre persönliche Bekanntschaft mit Catharina Elisabeth Goethe, der Frau Rat, sowie deren Sohn Johann Wolfgang von Goethe zurück. Vom Juli 1808 an besucht sie fast täglich Goethes Mutter. Für Bettine gehört sie in die lange Reihe weiblicher Bezugspersonen, die sie nicht fremdzubestimmen versuchen (»Sie läßt mich machen, wie ich will«, A1, 80) und von ihr gerade deshalb als Autorität anerkannt werden. Bettine führt endlose Gespräche mit ihr und begleitet ihr Sterben. »Am Tag vor ihrem Tod war ich bei ihr, küßte ihre Hand und empfing ihr Lebewohl in deinem Namen« (GB 261), läßt sie im ›Goethebuch‹ den in der Ferne weilenden Sohn wissen. Jahrzehnte später wird Bettine ihr ein literarisches Denkmal setzen. »Es ist meine Unsterblichkeit«, so die Frau Rat im ›Königsbuch‹, »daß ich in deinem Herz fort wachs, wenn ich schon lang begraben bin.« (KB 186)

Seit ihrem Besuch 1807 in Weimar ist Bettine mit Johann Wolfgang von Goethe persönlich bekannt. In den Jahren 1807–1811 schreibt sie 41 zum Teil weitschweifige Briefe, auf die Goethe mit 17 kurzen, bisweilen von seinem Sekretär verfaßten Schreiben antwortet. Goethe wirkt also vergleichsweise distanziert; dennoch wird sich Bettine später nicht zu Unrecht als Inspirationsquelle des Dichters begreifen. In seinen 1807/1808 verfaßten Sonetten lassen sich mehrfach Zitate aus ihren Briefen nachweisen. Bettine ist für Goethe auch wegen ihrer Freundschaft mit seiner Mutter interessant, denn ihr hat sie seine Jugendgeschichte erzählt. 1810 läßt er sich Bettines Material schicken, um es in ›Dichtung und Wahrheit‹ zu verarbeiten.

Ich habe von der Mutter viel gehört, was ich nicht vergessen werde, die Art, wie sie mir ihren Tod anzeigte, hab' ich aufgeschrieben für dich. Die Leute sagen, du wendest dich von dem Traurigen, was nicht mehr abzuwenden ist, gerne ab, wende dich in diesem Sinne nicht von der Mutter ihrem Hinscheiden ab, lerne sie kennen, wie weise und liebend sie grade im letzten Augenblick war und wie gewaltig das Politische in ihr.

GB 263

Die Haube der Frau Rat

Die Haube ist das traditionelle Symbol der »unter die Haube gekommenen« Ehefrau und zugleich ein wichtiges modisches Accessoire. Welche Haube zu welcher Gelegenheit zu tragen sei, ist also eine diffizile Frage, so daß die Frau Rat sich anläßlich eines Ausflugs in die Sommerfrische erst nach längerer Überlegung gegen die geliebte blumenverzierte Variante entscheidet: »So könnt mich ja der Brummelochs mit einem einzigen Maul von Dotterblume, die er vom Weidanger mit seiner lange Zung in einem Hui zusammenrafft und wegschnappt, in die größt Beschämung versetze, daß er frißt und verdaut, was die Frau Rat in Papier nachgemacht zum Putz auf dem Kopf trägt.« (KB 18) Bisweilen gibt die Haube aber auch Anlaß zu tiefergehenden Betrachtungen. »Warum setzen die Frauen Putz auf den Kopf und die Männer nicht? – Weil der Mann den Sitz der Eitelkeit *im* Kopf aufgeschlagen hat und die Frauen oben drauf« (278), so die Frau Rat witzig und schlagfertig, eben stets zu einem Seitenhieb bereit.

Im ›Königsbuch‹ Bettines tritt Goethes Mutter als stolze, freiheitlich gesinnte Frankfurterin (»Frankfurter Bürgertum ist der best Adel«, 92) auf. Sie spricht Mundart und entquält sich nur im äußersten Notfall ein paar Worte Hochdeutsch. So, wenn der Herr Pfarrer naht (»Horch! – er kommt heraufge-

41 Die Frau Rat im Alter von 45 Jahren. Gemälde von Georg Oswald May, 1776

»Die rheinfränkische Frankfurter Mundart«, so Moritz Carriere über Bettine, »heimelte mich an, wenn sie erzählte: sobald sie tiefere Gedanken aussprach, redete sie **Schriftdeutsch** dazwischen.« Bettine und die Frau Rat teilen also auch die Sprache. Und sie teilen die **Abneigung gegen Gelehrte aller Art**, insbesondere die Philosophen. »So ein Forscher« ist eben ein »alter lahmer Raubvogel, der aus seim langweiligen Verdaungsschlaf sich aufrappelt, um alles gelehrt Federvieh in Einklang zu bringen mit seinem Allesverschlukkenden System« (KB 109). Freilich ist die Frau Rat (nicht anders als Bettine) ständig am Philosophieren,

dappt«), und die junge Bettine auf den »Schawell« (Schemel) verdammt wird: »Und lach nicht, wenn ich hochdeutsch spreche. So ein geistlichen Herrn muß man mit Anstand anreden.« (99) Sowohl mit dem Anstand als auch mit dem Hochdeutsch ist es allerdings bald vorbei. Im folgenden liest sie dem geistlichen Würdenträger – dieses und jenes Schnäpschen lindert zwar den Schmerz, mindert aber auch die Würde – gehörig die Leviten. Auch der Herr Bürgermeister wird ihr wie ein Schuljunge lauschen, denn Bettine zeichnet sie als Frau von hoher mütterlicher Autorität. Zudem hat sie das Herz am rechten Fleck. Ein französischer Soldat ist für sie kein Feind, sondern ein »Bub«, den man zu Kanonenfutter (306) macht – nicht anders als die deutschen »Buben« auch.

Mit der Frau Rat, einer gleichermaßen weisen wie volkstümlichen Figur, hat Bettine ihre wohl stärkste halb biographische, halb literarische Gestalt geschaffen. Unverkennbar trägt sie Züge ihres *alter ego*, denn was Bettine denkt, spricht die alte Dame aus und dies in nicht unbedingt damenhaft zu nennender Art und Weise. Vor allem anderen ist die Frau Rat eins: unverblümt – ganz im Gegensatz zu ihrem bevorzugten Kopfputz. Man wird also im biederen Häubchen eine Art Tarnkappe zu erkennen haben, auf einem klugen Kopf, der voll unkonventioneller Ideen steckt, und dies zu einer Zeit, da Frauen angeblich die Vernunft für derlei Fragen fehlt: »Die Welt wird immer hinkend bleiben«, so die Frau Rat zu diesem Thema, »wenn der

was sich also – wie das ›Königsbuch‹ belegt – auch für Dialektsprecher bestens bewerkstelligen läßt.

42 Handarbeit statt Kriegshandwerk: eine sinnvolle Alternative, sicher auch nach Meinung der Frau Rat. Es war einmal (Der strickende Vorposten). Gemälde von Carl Spitzweg, um 1850

Verstand auf dem Mann seiner Seit hinüber hinkt« (24).

Goethe

Im August 1810 begegnet Bettine Goethe in Bad Teplitz, wobei sich über den Grad der hier erfahrenen zwischenmenschlichen Nähe nur spekulieren läßt. Im September 1811 kommt es dann zum berühmten handgreiflichen Eklat zwischen Bettine und Goethes Frau Christiane, dem Bettines Brille zum Opfer fällt. Diese Untat wird von Bettine mit dem nun in Weimar die Runde machenden Wort von der »tollen Blutwurst« gerächt, was ihr wiederum der Dichterfürst nachhaltig verübelt. Erst das von Bettine entworfene Modell eines Goethemonuments, das sie ihm bei einem Besuch im Jahr 1824 zeigt, stimmt ihn eine Zeitlang wieder gnädig, bevor neue Gewitterwolken aufziehen.

Dem Werk ›Goethes Briefwechsel mit einem Kinde‹ liegt die überarbeitete Korrespondenz mit Goethe zugrunde. Freilich arbeitet Bettine auch den Briefwechsel mit Fürst von Pückler-Muskau ein sowie Sequenzen aus den Werken Hölderlins und vor allem Goethes. Von neun eingefügten Briefen der Frau Rat stammen acht von Bettines Hand. In einer Art literarischer Montagetechnik werden somit Kindheitserinnerung, philosophisch-poetische Betrachtungen und politische Themen ineinander verwoben. Die Beschreibung der wohl eher unidyllischen realen Beziehung zu Goethe ist zu keiner Zeit Bettines Absicht.

43 Bettine mit dem Modell ihres Goethedenkmals. Radierung von Ludwig Emil Grimm, 1838

Bettines vielschichtige **Verwendung des Begriffes »Genie«** beschreibt nicht nur den erwählten Einzelmenschen, sondern auch die Erwähltheit jedes einzelnen. Wie ihr Königsbegriff (vgl. nächstes Kapitel) ist der Geniebegriff demokratisch ausgerichtet, denn Genius gilt ihr als »die uranfängliche Gottes-

Statt dessen steht das Verhältnis zum genialen Dichter im Vordergrund. Er gilt ihr als göttliche Gestalt, d.h. als Mensch, der die göttlichen Anlagen in sich vollkommen entwickelt hat. Und er gilt ihr als Mittler zum Göttlichen, d.h. zu dem, was im innersten Persönlichkeitskern als Keim angelegt ist und auf Entfaltung dringt. »Es ist das Ideal deiner eignen höheren Natur, was du im Geliebten berührst« (GB 537), sagt sie über diese Art der Liebe, die sich in ihrem tiefsten Sinn als Prozeß der Selbstwerdung verwirklicht: »Ja Liebster, das macht mich glücklich, daß sich allmählich mein Leben durch dich entwickelt.« (208) Die liebende Verehrung zum Dichtergenius führt also nicht in blinde Gefolgschaft, sondern zu innerem Wachstum, zur Begabungsentfaltung und zur Eigenständigkeit; »denn meine Liebe zu dir macht mich frei« (408).

Man lasse sich also vom pathetischen Ton der zeitgenössischen Goetheverehrung, der auch Bettines Stil mitbestimmt, nicht täuschen. Die am Genius Wachsende schließt mehr und mehr zu ihm auf. Von Angesicht zu Angesicht läßt sich dann – die Autorin ist eben kein schwärmendes Mädchen, sondern eine reife Frau – diese und jene Runzel im hehren Antlitz erkennen. Goethes Frauengestalten jedenfalls sind nicht nach Bettines Geschmack: »Werthers Lotte hat mich nie erbaut, wär' ich nur damals bei der Hand gewesen, Werther hätte sich nicht erschießen dürfen.« Nicht anders verhält es sich beim Roman ›Wilhelm Meister‹, »da sind mir alle Frauen zuwider, ... weil ich besser bin und liebenswürdiger wie die ganze weibliche Komitee deiner Romane« (331).

Seit ihrem ersten Kontakt mit dem ›Wilhelm Meister‹ identifiziert sich Bettine mit der literarischen Figur der Mignon bzw. wird von den Zeitgenossen mit ihr identifiziert. Bettine freilich, die sich besser weiß als diese, findet für die Divergenz zu ihrem Vorbild eine selbstbewußte Lösung. Sie arbeitet – Bettine ist rich-

kraft, die dem Menschen als Ideal eingeboren« (A 440) und in dessen Leben zu verwirklichen ist. »Jeder wird als der größte Held geboren«, so Bettine in einem Gespräch zu Moritz Carriere, dem sie im weiteren erklärt, »daß jede Persönlichkeit ... einzig sei und ihrer Art ein Genius, in irgend etwas allen anderen überlegen und eine Spitze der Gattung«. Bettine schließt hieraus, »daß jeder mit vollem Mut der Wahrheit er selbst sein solle« (184).

Der Engländer Henry Crabb fügt seiner wenig schmeichelhaften Aufzählung der Exaltiertheiten der jungen Bettine deren Auftritt als Mignon hinzu: »Indem sie ihre Hände gegen ihre Brust drückte, sagte sie: So lieg ich immer zu Bett, um Mignon nachzuahmen.« Alois Bihler schreibt später über die berühmte Autorin, sie sei ihm als »die ins Leben getretene ›Mignon‹ oder das Original dazu« erschienen.

tig, das Vorbild falsch! – die Mignon um, die nun ein die Vorlage sprengendes Eigenleben zu führen beginnt. Im Gegensatz zur literarischen Figur, die aus unerfüllter Liebe zu Wilhelm Meister stirbt, wirkt die Bettine-Mignon quicklebendig und sucht ihren Wilhelm zur revolutionären Aktion zu bewegen – also zu dem, wozu er im Roman nicht den Anflug einer Neigung zeigt.

Ausgangspunkt der Mobilmachung Wilhelms ist der Volksaufstand in Tirol, in dem Bettine – wie viele ihrer Zeitgenossen – das Ideal einer um ihre Freiheit und Selbstbestimmung kämpfenden Nation (also das, was für die Deutschen wünschenswert wäre) verwirklicht sieht: »Komm, flüchte dich mit mir«, so die Bettine-Mignon zu Wilhelm, »jenseits der Alpen zu den Tirolern, dort wollen wir unser Schwert wetzen und das Lumpenpack von Komödianten vergessen … Ja wenn etwas noch aus dir werden soll, so mußt du deinen Enthusiasmus an den Krieg setzen, glaub' mir, die Mignon wär' nicht aus dieser schönen Welt geflüchtet …, das Freiheitsfeuer hätte auch in ihrem Busen gezündet.« (282)

Die Kritik an den literarischen Figuren ist im Kern Kritik an deren Verfasser. Denn die Aufgabe des Dichters – wie sich Goethe nun von Bettine belehren lassen muß – besteht darin, die Räume des freien und daher befreienden Geistes zu erschließen. »Der Dichter (du, Goethe) muß zuerst dies neue Leben entfalten, er hebt die Schwingen und schwebt über den Sehnen-

Tirol wird unter dem Druck Napoleons im Preßburger Frieden (1805) von Österreich an das mit Frankreich verbündete Bayern abgetreten. Im Vorfeld einer neuen Kriegserklärung Österreichs erfolgt der Tiroler Volksaufstand (1809) unter Führung Andreas Hofers, der – nach anfänglichen Erfolgen gegen die Armeen Bayerns und Österreichs – militärisch zusammenbricht. 1810 wird Hofer im Auftrag Napoleons in Mantua standrechtlich erschossen.

den und lockt sie und zeigt ihnen, wie man über dem Boden der Vorurteile sich erhalten könne; aber ach! Deine Muse ist eine Sappho, statt dem Genius zu folgen, hat sie sich hinabgestürzt.« (352) Wessen Muse derart auf die Nase fällt, der kann eben über die Nasenspitze seiner Arrangiertheiten hinaus keine politische Perspektive entwickeln. »O, lieber Freund, während du dich abwendest von dem Unheil trüber Zeit« (GB 304), so der Stoßseufzer Bettines gegenüber dem ins Erhabene entrückten Dichterfürsten, der »in einsamer Höhe Geschicke« bildet und darüber die politische Aufgabe der Dichtung vergißt. »Ach, vereine dich doch mit mir, ihrer zu gedenken, die da hinstürzen ohne Namen (die getöteten Tiroler) …, es ist des Dichters Ruhm, daß er den Helden die Unsterblichkeit sichere« (304f.), fordert ihn Bettine auf. Die Mobilisierung Wilhelms für den Freiheitskampf in Tirol geht unversehens in die Mobilisierung Goethes zum politischen Dichter über.

44 Goethe auf dem Pegasus. Entwurf von Edward von Steinle zu den Fahnen der Goethefeier des Jahres 1849 in Frankfurt

»Ich glaube weder Arnim noch Goethe würden eine solche Veröffentlichung gebilligt haben« (Bö 193), schreibt Clemens, und in der Tat ist die Idee, daß sich Goethe von Bettine zu revolutionären Umtrieben hätte bewegen lassen, zu schön, um auch nur vorstellbar zu sein. Nicht ohne Grund hat Bettine

Konstanze Bäumer (›Bettine, Psyche, Mignon‹) unterstreicht Bettines Absicht, »sich in der retrospektiven Auseinandersetzung mit Goethe selbst zu finden und zu fassen«, und kommt zu folgendem Schluß: »Alles in allem könnte man das Goethebuch wohl als ein ›trojanisches Pferd‹ verstehen, aus dem etwas heraussprang, was das Publikum ihrer Zeit nicht erwartet hatte, nämlich die nicht anonyme Selbstbeschreibung einer Frau.«

45 Von Bettine gezeichnete Landschaftsvignette auf einem Brief an Goethe

erst nach Goethes Tod ein Buch veröffentlicht, dem das Kunststück zugrunde liegt, dem Dichter ein literarisches Podest gezimmert und zugleich daran gesägt zu haben. Das sogenannte ›Goethebuch‹ könnte daher mit derselben Berechtigung »Bettinebuch« heißen, denn dem genialen Dichter stellt sie ihre eigene, als »kindlich« stilisierte Genialität gegenüber, die vom unmittelbaren, unverbildeten Zugang zur Wahrheit zeugt. »Aber deine Narrheit belehrt besser, wie ihre [der Philosophen] Weisheit« (314), läßt sie Goethe voll Anerkennung sagen und an anderer Stelle sich erinnern: »Ich war auch einmal so närrisch wie du, und damals war ich besser als jetzt« (542) – damals, als noch nicht all die falschen Kompromisse mit der Gesellschaft die einstige Klarheit des Urteils trübten.

Bevor ›Goethes Briefwechsel mit einem Kinde‹ veröffentlicht wird, trifft Bettine erst einmal auf den massiven Widerstand der Familie: »In Frankfurt«, so Bettine an Jacob Grimm am 2. Februar 1835, »habe ich einen harten Strauß bestanden, es wäre lustig, wenn sie mich nicht gar zu hart gekränkt hätten. Die Familie hielt Consilium und verlangte, ich solle die ganze

Auch ›**Clemens Brentanos Frühlingskranz**‹ veröffentlicht Bettine erst nach dessen Tod. Sie bezieht sich in ihrem Werk vor allem auf die von den frühromantischen Idealen geprägte Jugendzeit des Bruders, von der er sich im Alter distanziert. »Ich bitte dich mit Tränen in den Augen, und im Namen sämtlicher Geschwister hier, verschone die Asche und das Andenken deines frommen Bruders« (I, 992), schreibt Franz Brentano im Jahr 1844 an Bettine, die sich auch in diesem Fall nicht erweichen läßt und ihr Werk publiziert.

In der Realität zeigt sich Goethe, wie einem Brief Bettines an ihren jugendlichen Verehrer Julius Döring zu entnehmen ist, über ihre Belehrungsversuche nur wenig erbaut: »Er begriff's nicht, daß ich keck und ohne Überlegung sagte: ich will dich belehren, ich kann von dir nicht lernen du kannst von mir lernen, er war zornig auf mich.« *Dö 353*

Auflage vernichten; einige hielten es für überspannt, andre für zweideutig, Franz behauptet, es sei gegen den katholischen Glauben.« Clemens fleht sie um Gottes, Achims und ihrer Kinder willen an, von der Veröffentlichung »dieses weltlichen Hoheliedes« abzusehen. Doch sowohl seine Intervention als auch die der um ihren gesellschaftlichen Ruf besorgten Gunda bleiben ohne Erfolg. Ja selbst ihr Sohn Siegmund, der um seine Karriere als preußischer Beamter bangt, kann Bettine nicht erweichen. Zum einstweiligen Trost geht er davon aus, daß die bereits gedruckte Auflage unverkäuflich sei und sieht – wie er seine Mutter wissen läßt – »mit Sehnsucht der Zeit entgegen, wo ich Tausende von Exemplare kreuzweise benutzen werde« (II 916f.). Die Zeiten freilich, in denen sich Bettine von dem, was sie für richtig hält, abbringen läßt, sind vorbei: »Lange genug habe ich für etwas anderes gelten müssen, als ich verantworten möchte.« (A 426) Das Buch wird veröffentlicht, die erste Auflage von 5000 Exemplaren rasch verkauft. Auf einen Schlag ist Bettine eine berühmte Frau.

Johanna Kinkel hält in ihrer Biographie einige Eindrücke vom Besuch im Salon von Bettines Schwester Gunda fest: »Als ich einmal auf eine Bemerkung der Frau v. Savigny mit dem Gemeinplatz: ›Das verhüten die Götter!‹ erwidert hatte, sagte diese sehr ernsthaft: ›Seit Einführung des Christentums wissen wir, daß es keine Götter gibt, sondern nur Einen wahren Gott!‹« Des weiteren wird sie über regionale Unterschiede belehrt, die nicht jeden Besuch gleich willkommen machen: »Die Rheinländerinnen behalten doch immer etwas Plebejisches!« Aus vergleichbaren Gründen ist Frau von Savigny auch Bettines Verehrer Philipp Nathusius als Salonbesucher nicht zumutbar – wie Bettines erwachsene Tochter Armgart Johanna Kinkel erklärt: »Dem Herrn Nathusius ist sein Name im Wege; derselbe klingt bei der Vorstellung so auffallend bürgerlich. Man kann sich gar nicht vorstellen, daß ein Adliger Nathusius heißen könnte. Dazu kommt, daß dieser junge Mensch Erbe des größten Tabakgeschäfts in diesem Lande ist und daher sein Name auf allen Paketen Tabak gedruckt ist, die bei den gemeinsten Leuten circulieren. Es würde der Tante schrecklich sein, wenn jemand, dem sie in ihrem Salon den Nathusius vorstellen müßte, vielleicht ganz absichtslos fragte: »Der Herr ist doch kein Verwandter des großen Tabakfabrikanten?«

Ich heidnisch? Nun, ich habe doch Gretchen hinrichten und Ottilien verhungern lassen, ist denn das den Leuten nicht christlich genug?
Goethes bissige Replik auf entsprechende Angriffe

Die Reaktionen der Zeitgenossen sind, wie nicht anders zu erwarten, zwiespältig. Seit langem ist man in Berlin, so Theodor Mundt im ›Literarischen Zodiacus‹, »in kein so leidenschaftliches Pro und Contra geraten«. Christliche Autoren, für die Goethe eh unter dem Verdacht des Heidentums steht, ist Bettines »Menschenvergötterung, namentlich die Anbetung des Genies« (II 922) ein Dorn im frommen Auge. Auf breiter Front wird die angebliche Unsittlichkeit des Werkes angeprangert sowie die »Dreistigkeit der Verfasserin sich so zur Schau zu stellen« (Ludwig Tieck, AM 78).

Gegen das ›Goethebuch‹ spricht nicht zuletzt, daß es von einer Frau stammt. Grabbe ist über die hier ausgebreiteten »Ekelhaftigkeiten« entsetzt: »Nur wer eitle, doch hier und da verliebte Weiber kennt, versteht sie.« »Ein Weib kann nichts Höheres als ein Weib sein«, vermerkt Nikolaus Lenau, was sich gerade an schreibenden Frauen bestätige: »Die genialen Weiber böckeln alle.« (II 928) Sitte und Anstand in Not kennen eben kein Tiefschlagverbot, zumal im Angesicht des Abgrunds, d. h. der von Hermann Marggraff ausgemachten Gefahr, »daß die deutsche Literatur das Eigentum der Frauen« werden könnte. »Nun ist den Frauen Eins nicht gegeben und wird ihnen nie gegeben sein, die Gabe der Produktion. Die Produktion ist des Mannes« (936), stellt er daher ein für allemal fest.

Beifall kommt vor allem aus dem Lager der Fortschrittlichen. Gustav Kühne nimmt in seiner Rezension auf die Sequenzen zum Tiroleraufstand Bezug, den Goethe »mit höfischer Aristokratenkälte« ignoriert habe. Kühne betont, »daß aus dem großen deutschen Poeten mehr ein Hofdichter als ein Nationaldich-

---

Liste kleiner Gefälligkeiten, um die Bettine den Studenten Rudolf Baier bittet (Schreiben aus Wiepersdorf, 22. September 1845): Die Katzen, »deren schmäliger Hungertod der Giesel Tag und Nacht vor Augen steht«, bei Frau Nebow unterzubringen; sich um den Wächter des Hauses in Berlin zu kümmern; Armgards Blumen »alle wohlgezählt« dem Gärtner der Savignys übergeben zu lassen; die Kanarienvögel zur Nebekow zu bringen; sich über Weimann, der bei Bettine in Stellung gehen soll, zu erkundigen; das ›Wunderhorn‹ der Buchhandlung Bauer zu übergeben (sofort und nebst eines Briefes für Herrn Klein); zu sorgen, daß sämt-

ter geworden sei« und weist Bettine das Verdienst zu, dies kenntlich gemacht zu haben. Hätte Goethe hingegen (gemäß dem Vorschlag Bettines) Wilhelm Meister zum Freiheitskampf nach Tirol gesandt: »Dann stände nicht zwischen deutscher Dichtung und deutscher Nationalentwicklung die ungemessene Kluft da, über die wir verzweifelnde Kinder der Jetztwelt eine Brücke schlagen müssen. Da liegt das Gebrochene unserer Zustände, da liegt unser ganzes Unglück.« (874f.)

46 Bettine. Bleistiftzeichnung von Wilhelm Hensel, 1833

»Ihr Buch, bekannt gemacht zur Verherrlichung Goethes, hat seine Blöße gezeigt«, schreibt Ludwig Börne, der Bettine zu Goethes »Rachefurie« erklärt. Vor allem die Schriftsteller des Jungen Deutschland und die mit ihnen sympathisierenden Studenten erkennen in Bettine nun ihre Autorin. »Bettina gehört der Bewegung« (927ff.), ruft Eduard Beurmann begeistert aus.

Mit der Veröffentlichung des ›Goethebuches‹ wird Bettine nicht nur berühmt, sie wird auch zur Hoffnungsträgerin der aufbegehrenden deutschen Jugend, die sich nun in ihrem Salon versammelt. »Ich bin ein Baum«, schreibt sie, »der trägt Jünglingsblüten.« (940) Wie sie einst Goethe verehrte, wird sie nun von den Jungen verehrt. Und nicht anders als sie von Goethe eingespannt wurde, spannt sie nun die Jungen ein – für dieses und jenes, was eben so anfällt im Großprojekt Bettine, das die Schriftstellerin, die Verlegerin (ab 1846), vielfältige politische

liche Arnimschriften an Bauer übertragen werden; mit Bauer über die Broschur des ›Wunderhorns‹ zu sprechen sowie die nötigen Schritte bei Schröder zu veranlassen; nachzufragen, ob die Wohnung des Blutigelpalais noch zu haben sei (ohne Bettines Namen zu nennen); ein broschiertes Exemplar des ›Günderodebuches‹ zu schicken und ein Kochbuch (in der Küchenstube) sowie ein französisches Kochbuch (irgendwo unter den Büchern) nebst einer Schachtel kleiner Zwiebacke vom Zuckerbäcker Bath; und dem Klein auszurichten, daß sie nun an den zweiten Teil des ›Königsbuches‹ gehe. »Vergessen Sie um Gottes willen die Katzen nicht.« (46ff.)

Aktivitäten und nicht zuletzt die Pflichten einer siebenfachen Mutter umfaßt.

Bettines Begriff der Sehnsucht

»Die Sehnsucht hat allemal recht, aber der Mensch verkennt sie oft« (GB 559), sagt Bettine. Sie zu verstehen, ist nicht leicht, denn ihr Sehnsuchtsbegriff ist nicht mehr der unsere. Das Wort von der »Sehnsucht« ist zwischenzeitlich bis zur Unkenntlichkeit abgegriffen, sentimentalisiert und folglich verflacht. Am ehesten wird man die Sehnsucht heute dem Bereich »Herz-Schmerz« zuordnen, wo selbst Hartgesottene periodisch weich werden, um dann weiterzumachen wie gehabt. Dies freilich hat gar nichts mehr mit dem zu tun, was Bettine unter Sehnsucht versteht.

Es gibt Gesellschaften zur Rettung bedrohter Tier- und Pflanzenarten – warum nicht zur Rettung bedrohter Worte? Bettines Sehnsuchtsbegriff entstammt der Schatzkammer der Innerlichkeit, die bei ihr immer zugleich eine Waffenkammer zur Verteidigung des einzelnen gegen Fremdbestimmung ist. Der Begriff besticht durch sein Widerstandspotential und durch lebensklugen Optimismus. Seine Wiederbelebung würde sich also lohnen, zumal bei anschließender Auswilderung in die Köpfe, denn Lücken in der Sprache pflegen Lücken im Denken zu hinterlassen.

Sehnsucht ist für Bettine die Lichtträgerin im Dunkel und daher eng mit der Hoffnung verwandt. Sehnsucht zeugt von etwas, was noch nicht ist, aber werden will. Das, wohin sie strebt, liegt oft noch im Unbestimmten und ist doch in ahnender Vorform präsent: »Sehnsucht ist ja doch die rechte Fährte, sie weckt ein höheres Leben, gibt helle Ahnung noch unerkannter Wahrheiten … und ist die sicherste Prophetin seines Glückes.« (392)

Wer sich nach Liebe sehnt, ist nicht lichtlos, denn die Sehnsucht ist schon Licht, die Rose trägt das Licht in der Knospe verschlossen.

G 509

47 ›Frau am Meer‹. Gemälde von Caspar David Friedrich, um 1818

Gleich einem Samenkorn, das bereits die ganze Pflanze in sich trägt, enthält die Sehnsucht die Essenz dessen, was auf Entfaltung dringt. Sehnsucht ist sich selbst nie genug. In ihr regt sich etwas, das wachsen und ans Licht der Welt kommen will: »Jede Sehnsucht ist Begierde zu bilden, zu gebären.« (FK 149)

Erst einmal jedoch zeugt die Sehnsucht von einem Unbehagen: Etwas im Leben ist nicht, wie es sein sollte. Alles sei doch in Ordnung, heißt es sodann, und man wollte es auch glauben, wäre da nicht eine Stimme, die widerspricht. Das kleine Sehnsuchtskorn zeigt große Wirkung und gleicht hierin der Laus im Pelz oder dem Floh im Ohr, jedenfalls für all diejenigen Persönlichkeitsanteile, die sich arrangieren wollen.

Etwas fehlt. Sehnsucht hält das Wissen hierum fest und folglich die Wunde offen. Auch das Schmerzliche der Sehnsucht weiß Bettine zu schätzen, denn das Unglück ist allemal wahrhaftiger als jene scheinbare Zufriedenheit, die man sich um der Anpassung willen zurechtlügt: »Unglück ist vielleicht die geheime Organisation des Glückes …, eine Krankheit der Sehnsucht.« (GB 358) Nicht anders verhält es sich mit der Wehmut, die die erste Vorbotin des Gelingens ist, auf das sie abzielt: »Du fühlst, du siehst in ihr ausgesprochen ein Glück, nach dem sie sich sehnt.« (500)

Aber die Sehnsucht hat einen gefährlichen Gegenspieler – den sogenannten Realitätssinn –, der jedwede Möglichkeit, die als neue Wirklichkeit an die Stelle der alten treten könnte, im Keim

zu ersticken sucht: Schlag dir die Flausen aus dem Kopf! Wer dem Rat folgt, zementiert den Ist-Zustand der Welt. Und er gibt sein ureigenstes Anliegen, seine innerste Hoffnung und somit sich selbst preis: »(W)o kein Wunsch uns hinzieht, das ist für uns verloren, und man hält wohl für unmöglich, was nur des Begehrens bedürfte, um wirklich zu sein.« (G 440)

Doch nicht nur angeblich unumstößliche Tatsachen, auch Wünsche sind mächtig: »Wonach der Wunsch uns hinzieht, das wird möglich« (441). Denn dem Wunsch wohnt wie auch der Sehnsucht eine Kraft inne, die von sich aus nach Verwirklichung drängt. Man darf also nicht zu wünschen aufhören, nicht aufhören, sich zu sehnen. Vor allem darf man den Sehnsuchtssamen nicht mit tausend Wenn und Aber zuschütten, bis er unter dem finalen »Es geht ja doch nicht« erstickt. Unterläßt man all dies, wächst er von allein. Die Macht des Wunsches (von der noch das Märchen weiß) und die Macht der Sehnsucht sind also nicht zu unterschätzen: »So mancher hat große Fortschritte gemacht bloß aus Sehnsucht und Liebe zur Sache, während er bei angestrengtester Übung nichts lernte«, schreibt Bettine und schärft ihrer Briefpartnerin den Kernsatz ihrer Lehre von der wirkmächtigen Sehnsucht ein: »Das behalten Sie mir ja im Herzen, daß nichts verloren ist, sobald wir nichts verloren geben.« (PS 89)

20 Jahre lang ist Bettine verheiratet gewesen und hat sieben Kinder geboren. Die gesellschaftlichen Normen hat sie erfüllt, in sie gebeugt hat sie sich nie. Das bedeutet 20 Jahre eines mehr oder minder starken Unbehagens, des sehnsüchtig-schmerzlichen Wissens: Es fehlt noch etwas. Dieses Etwas, dessen Keim bereits in der Jugend angelegt ist, wächst zwei Jahrzehnte lang in ihr heran. Nun ist die Zeit reif, alles, was scheinbar brachlag, ist voll entwickelt und drängt machtvoll ans Licht der Welt. Am Ende ihrer schwersten Schwangerschaft gebiert sich Bettine selbst in ein neues Leben hinein.

Das Wort **Homöopathie** setzt sich aus den griechischen Begriffen *homoion* (ähnlich) und *pathos* (Leiden) zusammen, bedeutet also »ähnliches Leiden«, das durch die Gabe homöopathischer Heilmittel ausgelöst wird, um die Selbstheilungskräfte des Körpers zu aktivieren. Die Homöopathie wurde von Samuel Hahnemann (1755–1843) gegründet und folgt dem Prinzip »*Similia similibus curentur*«, d. h. Ähnliches möge Ähnliches heilen.

Bettine und Friedrich Wilhelm IV.

»Wär ich auf dem Thron, so wollt ich
die Welt mit lachendem Mut umwälzen.« (G 67)

Am Beginn von Bettines öffentlichem Wirken steht eine Cholera-Epidemie, die im Jahr 1831 in Berlin mehr als 1400 Todesopfer fordert. In den Armenvierteln Berlins herrscht drückende Not – der ideale Nährboden für die sich rasch ausbreitende Seuche. Bettine schickt ihre Kinder zu Verwandten, bleibt aber selbst in Berlin. Als erklärte Anhängerin der Homöopathie verteilt sie Belladonna und organisiert Kleidung, Schuhe und Decken für die Armen. Sie ist somit konkret mit dem zeitgenössischen Phänomen des Pauperismus konfrontiert, einem infolge der wirtschaftlichen und politischen Veränderungen auftretenden strukturellen Problem der Massenarmut. Der Zusammenbruch der alten ständisch-feudalen Ordnung führt zur Landflucht und (die alten Heiratsbeschränkungen entfallen) zu unkontrolliertem Bevölkerungswachstum. Hungersnöte und die Verelendung breiter

48 ›Cholera‹. Entwurf von Arnold Böcklin (1827–1901)

Pauperismus … ist ein neuerfundener Ausdruck für eine neue höchst bedeutsame und unheilvolle Erscheinung, den man im Deutschen durch die Worte Massenarmut oder Armentum wiederzugeben versucht hat. Es handelt sich dabei nicht um die natürliche Armut, wie sie als Ausnahme infolge physischer, geistiger oder sittlicher Gebrechen oder zufälliger Unglücksfälle immerfort einzelne befallen mag; auch nicht um die vergleichsweise Dürftigkeit, bei der doch eine sichere Grundlage des Unterhalts bleibt. Der Pauperismus ist da vorhanden, wo eine zahlreiche Volksklasse sich durch die angestrengteste Arbeit höchstens das notdürftigste Auskommen verdienen kann … und dabei immer noch sich in reißender Schnelligkeit ergänzt und vermehrt. *Brockhaus Real-Encyklopädie, 1846*

Bevölkerungsschichten sind die Folge, die ein Leben unter frühkapitalistischen Produktionsbedingungen zu fristen haben. Jeder ist seines eigenen Glückes Schmied, lehrt die bürgerliche Erwerbsmoral. Wo freilich das Überangebot an Arbeitskräften die Löhne unter das Existenzminimum drückt, bleibt nichts, was noch zu schmieden wäre.

Mit ihrem karitativen Engagement unterscheidet sich Bettine kaum von anderen adligen Damen ihrer Zeit. Sehr wohl unterscheidet sie sich jedoch darin, daß sie das Problem an sich erkennt und folglich mit der organisierten Mildtätigkeit abrechnet. »Man soll Mitleid mit niemand haben, man soll sich vielmehr schämen, daß es so werden konnte«, heißt es im ›Frühlingskranz‹, wo Bettine gegen die »Anstalten der Menschenliebe« polemisiert, die »mit der feinen englischen Schere der Mildtätigkeit Schnippelchen abschneiden, um damit den aufgesperrten Rachen der entsetzlichen Wunden zu verkleben«. Ja, den Armen wird sogar das letzte, was sie noch haben, nämlich ihre Würde, genommen: »Jene andern aber, die dem Mitleid erlauben, mit Schmarotzerliebe sich an ihnen zu mästen, die werden verkümmern und menschlicher Würde untauglich

49 Walzwerk Neustadt-Eberswalde. Gemälde von Carl Blechen, um 1834

sein.« (FK 33f.) All dies schmeichelt den Wohltätern und beläßt ansonsten die Welt, wie sie ist. Das Unrecht freilich, so Bettines tiefe Überzeugung, muß überwunden werden. Angesichts der Not wird sie zur politisch denkenden Frau.

Die Auseinandersetzungen der Zeit werden um bürgerlich-demokratische Rechte geführt, während der Adel rigoros seine Geburtsvorrechte verteidigt. Gleichzeitig jedoch finden infolge der beginnenden Industrialisierung auf der sozialen Ebene gewaltige Umwälzungen statt. Die Ständegesellschaft entwickelt sich zu einer Gesellschaft der Klassen. Die Forderungen nach verfassungsrechtlicher Gleichheit der Bürger, nach Wahlrecht, Pressefreiheit usw. sind nur allzu berechtigt. Doch essen kann man all diese Rechte nicht. Bettine zählt mit zu den ersten, die das Problem klar erkennen, während viele Bürger der Blick auf den eigenen Geldbeutel mit Blindheit gegenüber der sozialen Frage schlägt. »Man will ein Arbeitsministerium, ich aber will ein Armenministerium, was einen viel entschiedeneren Charakter hat und ein viel wichtigeres Organ sein würde« (5, 410f.), fordert Bettine und trifft damit exakt den wunden Punkt.

Die politischen Konsequenzen, die sie hieraus zieht, mögen heute überraschen, im historischen Kontext jedoch sind sie verständlich. In den deutschen Ländern, wo viele die Forderungen der Französischen Revolution nach bürgerlicher Freiheit teilen und sich zugleich doch vor deren Wirren fürchten, besteht eine lange Tradition von oben (wenn auch halbherzig) durchgeführter Reformen. Auch Bettine erhofft sich vom König die Lösung. Freilich ist ihre Königstreue kein reaktionärer Royalismus. Bettine steht politisch in der Tradition der Romantik und sieht wie Novalis den idealen König als Volkskönig,

Man kann darüber streiten, ob die soziale Ungleichheit im 19. Jahrhundert in Deutschland zu- oder abgenommen hat. Unübersehbar ist jedoch, daß sich die Formen der Ungleichheit entscheidend geändert haben … Im Gegensatz zu den Ständen waren die im 19. Jahrhundert entstehenden Klassen in erster Linie wirtschaftlich definiert. Die Stellung des Individuums im Produktionsprozeß und im Marktgeschehen entschied über seine Klassenzugehörigkeit. Die neue Klassengesellschaft beruhte auf der grundsätzlichen Rechtsgleichheit ihrer Mitglieder, auf der Aufhebung aller feudalen Abhängigkeiten und Bindungen, auf der persönlichen Freiheit des Individuums und der freien Verfügbarkeit des Eigentums. Über der rechtlichen Gleichheit entfaltete sich jedoch ein neues System der sozialen Ungleichheit.

Reinhard Rürup, ›Deutschland im 19. Jahrhundert‹

Der Herr Abgeordnete Schuchard (Barmen) bemerkte; daß gewissenhafte Kreisphysiker versicherten, wenn die Kinder auch nur um 10 Stunden in die Hölle des Jammers eingesperrt würden und stets sich auf den Beinen befinden, um zu arbeiten, so erhielten besonders die Mädchen Geschwülste und Auswüchse, die Beine schwänden und die Kinder welkten elendiglich dahin. Er müsse indessen das Zeugnis ablegen, daß die Spinnerei von Oberempt in Barmen insoweit eine Musteranstalt genannt werden könne, indem derselbe um 11 Uhr morgens seine Maschinen still stehen lasse, um seinen 200 Spinnkindern eine bis 1 und 1/4 Stunde Unterricht zu erteilen und sie dann eine Stunde freie Luft genießen zu lassen … Ja, sagte der Herr Abgeordnete, er bekenne, daß ihn oft der Gedanke beschlichen, diesen Menschen müsse als Ersatz für die Entbehrungen des Erdenlebens die Freuden des Himmels im größeren Maße wie ihm geteilt werden … Der Herr Abgeordnete von Baur (Ronsdorf) sagte: »Meine Herren! Ich bemerke leider, daß der uns gegenwärtig beschäftigende Gegenstand von einem unrichtigen Standpunkt beleuchtet wurde. Die von Ihnen scharf beurteilten Fabrikanlagen, welche Kinder beschäftigen, rufen den von Ihnen mit so viel Härte geschilderten Jammer nicht hervor, sondern mildern den bereits vorhandenen. Eine Überbevölkerung, die der Ackerstand nicht mehr zu beschäftigen weiß, strömt den Anstalten zu, wo Brot zu erwerben ist … Sie gehen zu weit, zu diesem Zwecke eine Armensteuer vorzuschlagen. Ich möchte bezweifeln, daß ihre Mittel hierfür hinreichen. Sie erschüfen Bettler, die gegenwärtig der Gewerbefleiß zu tätigen Menschen umwandelt, die ihr Brot verdienen … Ich pflichte Ihnen, meine Herren, vollkommen bei, daß die armen Kinder, deren Kräfte ausnahmsweise mitunter zu sehr in Anspruch genommen sein mögen, unter den Schutz milder Gesetze gestellt werden, jedoch dürfen diese keine so großen Beschränkungen enthalten, wie hier vorgeschlagen wird – z. B. (der) Arbeitsstunden täglich –, daß dadurch der Bestand unserer Industrieanlagen wegen der Konkurrenz des Auslandes unmöglich gemacht wird. Der Wohlstand und die Zierde unserer Provinz gingen hierdurch verloren!«

Bei der folgenden Abstimmung befürworten 60 Abgeordnete (bei neun Gegenstimmen) die Beschränkung der Arbeitszeit für Kinder auf höchstens zehn Stunden täglich. In einem Gesetzesvorschlag an den preußischen König wird als weitere Verbesserung angeregt, »daß kein Kind vor dem vollendeten neunten Lebensjahr zur Arbeit in der Fabrik bestimmt werden solle«.

Aus dem Sitzungsbericht des 5. Rheinischen Provinziallandtags, 6. Juli 1837 zur Frage der Kinderarbeit

50 Kinderarbeit in einer zeitgenössischen Mine

der, aufs innigste mit seinem Volk verbunden, dieses in die Freiheit führt. Nicht dumpfes Beharren auf alten Feudalstrukturen, sondern der Wunsch nach einem geordneten Weg in die Freiheit liegt diesem Konzept zugrunde. »Alle Menschen sollen thronfähig werden«, sagt Novalis, dessen politisches Ziel mit dem Bettines identisch ist: »Wir alle sollen Könige sein.« (GB 535)

Wie viele liberale Zeitgenossen plädiert auch Bettine für eine konstitutionelle Monarchie. Vor allem aber ist sie nach dem Urteil ihrer Tochter Maxe ein »Anwalt der Armen und Unglücklichen, der Unterdrückten und Verfolgten« (III 750), was auch ihre Erwartungen an den König mitbestimmt. Bettine erhofft sich von ihm, daß er – als eine über den Parteiungen stehende und dem Ganzen des Volkes (also nicht eigennützigen Interessen) verpflichtete Kraft – die Unterdrückten und Minderheiten schützt. Ihr Königskonzept hat eine deutlich antikapitalistische Ausrichtung, wie überhaupt ihr Denken frühsozialistisches Gedankengut erkennen läßt. »Der König soll revolutionär werden« (D 289), schreibt sie. Der preußische König wird es, wenn er diesen Satz überhaupt gelesen hat, mit einiger Verwunderung zur Kenntnis genommen haben.

Bettines Konzept wird scheitern. »Ach, es ist zum Weinen!« endet ihr letzter Brief an Friedrich Wilhelm IV. vom 6. Dezember 1853. Im Jahr 1840 sieht freilich alles noch ganz anders aus. Friedrich Wilhelm III., der sich trotz seines Verfassungsversprechens (1815) als reaktionärer Fels in der Brandung erwiesen hat, ist gestorben. Nun heften sich die Hoffnungen an den Kronprinzen, dem man Aufgeschlossenheit für liberale Ideen nachsagt.

Wer der Ansicht ist, dies alles sei zu simpel gewesen, um praktikabel zu sein …, sollte sich vergegenwärtigen, daß fünfzig Jahre später, als Klassengegensätze und Orientierungslosigkeit die innere Verfassung der Nation bestimmten, ein alles andere als unbedarfter politischer Kopf, Friedrich Naumann, in seinem Buch ›Demokratie und Kaisertum‹ insofern auf den Grundgedanken Bettinas zurückkam, als er in einem stabilen Bündnis zwischen Krone und Volk eine reale Alternative zum gesellschaftlichen Chaos sah. Wir brauchen uns indes mit der Praktikabilität nicht weiter aufzuhalten. Bettinas Realismus lag darin, daß sie aufzeigte, daß die Dinge sich geändert hatten und die wirkliche Welt keine Ähnlichkeit mehr besaß mit der in der Vorstellung des Königs und seiner Berater fortlebenden, und daß die Industrialisierung mit ihren sozialen Folgen das Problem war, das bewältigt werden mußte. *Gorden Craig, ›Das Ende Preußens‹*

51 Friedrich Wilhelm IV. (1840–1861)

Bettine ist mit dem Kronprinzen bekannt und hat bereits mit ihm in der Angelegenheit der Gebrüder Grimm korrespondiert. Diese sind am 11. Dezember 1837 gemeinsam mit fünf weiteren Professoren (Göttinger Sieben) wegen ihres Protestes gegen die Aufhebung der Verfassung durch den neuen König von Hannover aus dem Universitätsdienst entlassen worden. Wie alle anderen fortschrittlichen Kräfte ist Bettine über diesen Akt der Fürstenwillkür empört und greift für ihre langjährigen Freunde »herzhaft in die Dornen der Zeit« (Gr 77). Sie nutzt alle ihr zur Verfügung stehenden Beziehungen (in dieser Zeit lernt sie, im Hintergrund politische Drähte zu ziehen), um eine Anstellung der Grimms in Berlin zu bewirken. Und sie geht – ohne Ansehen der Person – gegen Leisetreter vor, so gegen ihren politisch einflußreichen Schwager Friedrich Carl von Savigny. Auch er ist mit den Grimms befreundet, hält für Unrecht, was ihnen widerfahren ist, schwenkt aber aus opportunistischen Gründen auf die ablehnende Haltung Friedrich Wilhelms III. ein. »Du unter den Philistern« (5, 320), stellt sie in ihrem großen Brief vom 4. Januar 1839 fest, den sie an Freunde und den Kronprinzen weiterleitet. Auch weitere Briefe lanciert Bettine

Es war … ein irriger und verderblicher Wahn, im vorigen [Jahrhundert], daß man zum Maßstab und zur Norm der Gesetze, den Willen des Volkes aufstellte, und daraus folgerte, daß die Demokratischen Formen, die einzigen rechtmäßigen und zweckmäßigen waren. Das reelle Volk, das aus den einzelnen Individuen besteht, hat … einen Willen, der nicht zur Norm dienen kann, weil er der Wille des Eigennutzes, der Leidenschaft und des Unverstandes ist.

Aus der Mitschrift einer Vorlesung Karl Friedrich von Savignys

geschickt in der Öffentlichkeit und lernt so, ihre Möglichkeiten als berühmte Schriftstellerin publizistisch zu nutzen – mit Erfolg. Der Kronprinz jedenfalls zeigt sich aufgeschlossen und läßt Bettine am 20. April 1840 wissen, »daß ich mich gern mit jenen Grimmen beschäftige, manche Lanze für sie gebrochen und manches vergeblich zu ihrem besten anzuregen gesucht habe … Drum reden Sie! – Es horcht Ihnen willig und gespannt Ihr ergebner Diener … F W K P.« (Gr 204)

Am 7. Juni 1840 findet die Inthronisation des neuen preußischen Königs statt. Anläßlich der Feierlichkeiten hat man sich in Berlin zur pompösen Darstellung der königlichen Ahnenreihe in 40 Bildern entschlossen, eine für Bettine falsche, da rückwärtsgewandte Symbolik, wie sie den zuständigen Bürgermeister wissen läßt: »Warum malen sie nicht alle Hoffnungen, alle Wünsche des Volkes in ihrer (vom König zu erwartenden) Gewährung symbolisch dahin, damit er schon jetzt erkenne die heilige noch unverletzte Zuversicht zu ihm …?« (Kat 119). Und diese Zuversicht scheint sich zu bestätigen. Bereits im Herbst werden die Brüder Grimm nach Berlin berufen. Bettine hat ihre erste große politische Schlacht mit Erfolg geschlagen.

Es folgen zahlreiche Interventionen nach dem im Fall der Grimms erfolgreichen Muster. In den turbulenten Auseinandersetzungen um den Generalmusikdirektor der Berliner Oper, Spontini, schlägt Friedrich Wilhelm im Sommer

52 Parade in Berlin ›Unter den Linden‹. Gemälde von Franz Krüger (Detail), 1839

Freiheit ist Monopol des Volkes und die Gewalt des Monarchen soll diese schützen, entwickeln, bestätigen.

Gr 26f.

Die Sache eines armen Studenten hat sie bei Humboldt nachdrücklich angebracht; drei, vier Anliegen solcher Art sind auch auf gutem Wege; sie ist unermüdet tätig, und wenn sie einen guten Zweck im Auge hat, achtet sie nicht Zeit noch Arbeit, nicht Gänge noch Ansprachen ... So tapfer als edel! Ich muß sie darob preisen!« (III 761)
Varnhagen in seinem Tagebuch über einen Besuch bei Bettine, 10. Dezember 1844

1841 auf Bettines Betreiben den Prozeß gegen Spontini wegen Majestätsbeleidigung nieder. Sie kämpft – vergeblich – für den Industriellen Schloeffel, einer der wenigen seiner Zunft, der die Augen nicht verschließt, was ihm, als er auf das offenkundige Problem der Massenarmut publizistisch aufmerksam macht, 1845 einen Prozeß wegen Hochverrats (!) einträgt. Ende 1846 unterstützt sie Hoffmann von Fallersleben, der aus politischen Gründen seine Professur verliert und von mehreren deutschen Kleinstaaten des Landes verwiesen wird. Und sie interveniert ohne Ansehen der Person, d. h. auch für die sogenannten kleinen Leute. So steht sie der armen Mutter des bislang von ihrem Sohn versorgten Schneidergesellen Karl Otto bei, der – obgleich an einer Auseinandersetzung unbeteiligt – von preußischen Ordnungshütern krankenhausreif geschlagen wird und nach vier Wochen stirbt. Zahlreiche weitere Fälle ließen sich hinzufügen, und dies, obgleich das Engagement Bettines in seinem vollem Umfang noch nicht wissenschaftlich erschlossen ist.

Daß Bettine in diesem und jenem Einzelfall Erfolg hat, mag dazu beitragen, daß sie sich lange über den doppelgesichtigen preußischen König täuscht. Politisch hängt er im Grunde vorabsolutistischen Vorstellungen an und sieht sich als König von Gottes Gnaden zum Wohle seines nach Ständen geordneten Volkes regieren. Auch er versteht sich als eine Art Volkskönig, wobei Friedrich Wilhelm allerdings diese Idee in ihrer reak-

Freilich **interveniert Bettine nicht in jedem Fall**, wie ihre Schwester Lulu erfahren muß, die im November 1846 eine rüde Absage erhält: »Außerdem würde ich aber den König lieber um ein paar alte Hosen ansprechen als um einen Orden.« (5, 435f.)

Die Doppelgesichtigkeit wird deutlich, wenn man Friedrich Wilhelms öffentliches Auftreten mit privaten Äußerungen vergleicht. Als ihm von den Vertretern der verfassunggebenden Nationalversammlung die erbliche Kaiserkrone angetragen wird, lehnt er am 3. April 1849 mit höflichen Worten ab: »Meine Herren! Die Botschaft, als deren Träger sie zu Mir gekommen sind, hat Mich tief ergriffen ... In dem Beschluß der deutschen Nationalversammlung, welchen Sie, meine Herren, Mir überbringen, erkenne Ich die Stimme der Vertreter des deutschen Volkes. Dieser Ruf gibt Mir das Anrecht, dessen Wert ich zu schätzen weiß ... Ich ehre Ihr Vertrauen.« In einem Brief vom 9. April an seine Schwester Charlotte klingt er hingegen wie folgt: »Du hast die Abfertigung der Frankfurter Mensch – Esel – Hund – Schweine und Katzen Deputation gelesen. Sie heißt auf grob deutsch: Messieurs! Ihr habt mir ganz und gar nicht das Recht, das Allermindeste zu bieten. Bitten, so viel ihr wollt, geben – Nein – denn dazu müßtet Ihr im Besitz von irgend etwas zu Gebendem sein und das ist nicht der Fall. Darum seid so gut und wacht auf. Wenn Eure Besoffenheit das zuläßt. Die Sache en question, mach' ich mit meines Gleichen ab.«

tionären Ausprägung vertritt. In diesem und jenem Einzelfall, da es das Selbstbild als gütiger Landesvater bestätigt, zeigt er sich milde gegen seine »Kinder« und zu Zugeständnissen bereit. Im Kern allerdings, der Frage nach dem noch einzulösenden Verfassungsversprechen seines Vaters, bleibt er hart. Anläßlich der Eröffnung des Landtages am 11. April 1847 läßt er sein Volk wissen, »daß es keiner Macht der Erde je gelingen soll, Mich zu bewegen, das natürliche, gerade bei uns durch seine innere Wahrheit so mächtig machende Verhältnis zwischen Fürst und Volk in ein conventionelles, constitutionelles zu wandeln ... Von einer Schwäche weiß Ich mich gänzlich frei. Ich strebe nicht nach eitler Volksgunst.«

53 »Zwischen mich und mein Volk soll sich kein Blatt Papier drängen«. Karikatur von Isidor Popper, 1848. Friedrich Wilhelm IV. und Kronprinz Wilhelm bei der Abwehr der Forderung nach einer Verfassung.

Theodor von Schön, der einflußreiche Regierungspräsident von Ost- und Westpreußen schreibt im Jahr 1840 in einer auch dem König übersandten Flugschrift: »Die Zeit der sogenannten väterlichen oder Patrimonialregierung, für welche das Volk aus einer Masse Unmündiger bestehen und sich beliebig leiten und führen lassen soll, läßt sich nicht zurückführen. Wenn man die Zeit nicht nimmt, wie sie ist, und das Gute daraus ergreift und es in seiner Entwicklung fördert, dann straft die Zeit.« (Kat 123) Schön, ein Jugendfreund Friedrich Wilhelms, ist ein zwar konservativer, aber auch pragmatisch denkender Mann. Auf ihn hoffen die Liberalen, doch sein Stern am Hof beginnt bald zu sinken. Statt dessen wird eine Politik der »Konstitutionsvermeidung« (Blasius) betrieben, bis im Jahr 1848 die Zeit straft – und das Volk die Zeche zahlt.

»Als ich im Spätherbst 1840 wieder nach Berlin kam«, so Moritz Carriere über Bettine, »sagte sie mir bei dem ersten Besuch: ›Wir müssen den König retten!‹ Sie sah die guten Absichten desselben im Widerspruch mit dem Geist der Zeit, welche nicht nach ständischer Gliederung, sondern nach gleichem Bürgertum, nicht nach lutherischer oder katholischer Rechtgläubigkeit, sondern nach christlicher Gesinnung und Überzeugungstreue, nach freiem Denken und Forschen, nach freier Presse, nach Volksvertretung verlange; der König werde durch seine Umgebung auf das Vergangene, Veraltete hingewiesen; der Geistreiche sei von geistarmen Frömmlern und Feudalgesinnten nur umgarnt, umringt. Es entstand in ihr der Gedanke, öffentlich ein offenes Wort an ihn zu richten.« (III 717f.)

Bettine macht die Kamarilla, das »Hofgeschmeiß, diese leeren Flaschen mit der Etikette ›Vom Besten‹ « (5, 188), als Ursache der Mißstände aus. Das Umfeld des Königs ist in der Tat erzreaktionär und enorm einflußreich. Der preußische Obrig-

Die Abneigung zwischen Hofkamarilla und Bettine beruht auf Gegenseitigkeit. Von Graf Anton zu Stolberg-Wernigerode, dem Leiter des königlichen Hausministeriums, ist folgende Aussage über Bettine überliefert: »Er fürchte das scheußlichste, das Heiligste mit Füßen tretende Weib.«

keitsstaat, der sich nicht auf seine Bürger stützen kann bzw. will, stützt sich statt dessen auf seinen Beamten- und Ministerapparat, dem eine fast uneingeschränkte Macht zufließt. Bettine erkennt in der Kamarilla (ebenso in einer Beamtenschaft, die nach oben buckelt und nach unten tritt) eine fatale Instanz, die den König von seinem Volk trennt. Das Projekt der Königsrettung ist also damit verbunden, daß der König die Wahrheit erfährt und das ihn umgebende Lügen- und Intrigennetz zerrissen wird. In eben dieser Funktion sieht sich Bettine, die dem König die Wahrheit sagen will und somit zum Vermittlungsglied zwischen König und Volk wird – ein nachvollziehbarer Gedanke, da zwischen Volk und Herrscher vermittelnde Instanzen sowie eine freie Presse tatsächlich fehlen. Auch den Widerspruch zwischen ihrem Konzept des Volkskönigs und der Richtung, die die Politik des Königs nimmt, schätzt Bettine schon früh realistisch ein. Gründlich geirrt freilich hat sie sich in der Person Friedrich Wilhelms, den sie lange – allzu lange – entlastet, indem sie allein in seinem Umfeld das Übel zu lokalisieren versucht.

54 Serenissimus (Durchlaucht). Zeichnung von Carl Spitzweg, um 1865

Über die näheren Umstände der **Titel-Widmung ›Dieses Buch gehört dem König‹** unterrichtet das Tagebuch Varnhagens, das den Bericht Alexander von Humboldts wiedergibt: »Se. Majestät geruhten mir zu sagen, daß Sie allerdings die Zueignung annehmen, aber doch wissen wollten, wovon das Buch handeln würde. Frau von Arnim erwiderte schriftlich ..., ›sie wünsche das Geheimnis des Inhalts zu bewahren.‹ Der König befahl mir scherzhaft zu antworten: ›es bleibe bei der Annahme der Zueignung, aber Er werde in der Leipziger Zeitung gegen sie schreiben, wenn er sich über die geistreiche Schriftstellerin zu beklagen habe.‹« (BÄ 94)

55 ›(…) die beiden Hamborjer Censoren‹. Federlithographie, koloriert, von Theodor Hosemann. Aus: Professor Nante (d. i. Glassbrenner), ›Hamburg im Berliner Guckkasten. Frei nach der Natur‹. Leipzig, 1847

Inzwischen hat das Projekt der Königsrettung, das in Wahrheit ein Projekt zur Rettung der Idee des demokratischen Volkskönigs ist, konkrete Gestalt angenommen. Bettine arbeitet an einem neuen Werk, dessen Widmung sie dem König anträgt. Friedrich Wilhelm, der sich durch die Aufmerksamkeit der berühmten Schriftstellerin geschmeichelt und zudem im Selbstbild des allseits beliebten Landesvaters bestätigt fühlt, stimmt zu. Das Werk freilich kennt er nicht. Bettine sieht sich nun in der Hoffnung bestärkt, ihn den Fängen der Reaktionäre zu entreißen. Im Grunde also nimmt das im Jahr 1843 erscheinende Werk ›Dieses Buch gehört dem König‹ in einem doppelten Mißverständnis seinen Ausgang, was durchaus sein Gutes hat. Der Weg wird frei, um Friedrich Wilhelm IV. ein dickes, geschickt an der Zensurbehörde vorbeigeschleustes Ei (s. S. 125) ins königliche Nest zu legen.

Wer von uns den jüngsten Tag erlebt, wird viel zu lachen bekommen. Was Gott unter zwanzig Bogen spricht, wird zensiert werden, und wenn die Welt brennt und das Fett schmilzt von den Sündern herab, wird die Polizei bekanntmachen: ›Unruhestifter haben das Gerücht verbreitet, es sei heiß in der Welt; aber das ist eine hämische Lüge, das Wetter war nie kühler und schöner gewesen‹. Man warnt jedermann vor unvorsichtigen Reden und müßigem Umherschweifen auf der Straße. Eltern sollen ihre Kinder, Lehrer ihre Schüler, Meister ihre Gesellen im Hause behalten! Man bleibe ruhig! Ruhe ist die erste Bürgerpflicht … Und dann wird die Welt untergehen und ruhig werden, und dann wird die ganze Welt deutsch sein.

Ludwig Börne über die Zensur in Preußen

Philister

»Ein Philister ist ein steifstelliger, steifleinener oder auch lederner, scheinlebendiger Kerl, der nicht weiß, daß er gestorben ist, und ganz unnötigerweise sich länger auf der Welt aufhält«, schreibt Clemens Brentano in seiner Abhandlung ›Der Philister vor, in und nach der Geschichte‹. Läßt sich als zentrales Motiv der Romantiker das »Ungenügen an der Normalität« (Lothar Pikulik) bestimmen, so gilt ihnen der Philister als der Normale schlechthin. Der Philister hat es sich im Zeitgeist bequem gemacht und sieht keinerlei Veranlassung, sich vom Lehnstuhl seiner Vorurteile zu erheben. Vor allem anderen ist er, der sich mit der öffentlichen Meinung einig weiß, von großer Selbstzufriedenheit erfüllt: »Eine Gans, mit einem papierenen Haarbeutel promenierend, hat viel vom Philister.« Sein liebstes Kleidungsstück ist die »weiße baumwollne Schlafmütze«, die er tags unsichtbar über dem Kopf, nachts »unverrückt« über die Ohren gezogen trägt, »denn ein Philister rührt sich nicht im Schlaf«. Frühe Vergreisung und Erstarrung sind die wichtigsten Merkmale der Philister. Mehr als alles andere lieben sie folglich die Ordnung, sowohl im privaten (»sie korrigieren in alle Bücher, die sie lesen, hinten die Druckfehler hinein«) als auch im öffentlichen Leben (»die Häuser möchten sie alle weiß anstreichen«).

Der Philister ist eine, so Friedrich Schlegel, »vernünftige Auster«, denn an dem, was Philister unter Vernunft verstehen, beißt man sich die Zähne aus. Vernunft, die einst den Menschen aus seiner »selbstverschuldeten Unmündigkeit« (Kant) führen, neue Horizonte des Wissens und der persönlichen Freiheit erschließen sollte, mutiert zum baren Nützlichkeitsdenken. Was hingegen den auf Erwerb beschränkten Gesichtskreis des Philisters übersteigt, ist ihm suspekt. Genau

Wissen und wissend sein ist zweierlei ... Ein Mathematiker, ein Geschichtsforscher, ein Gesetzlehrer – gehört alles in die versteinerte Welt, ist Philistertum ... Wissend sein ist gedeihend sein im gesunden Boden des Geistes, wo der Geist zum Blühen kommt. Da braucht's kein Behalten, da braucht's keine Absonderung der Phantasie von der Wirklichkeit, die Begierde des Wissens selbst scheint mir da nur wie der Kuß der Seele mit dem Geist, zärtliches Berühren mit der Wahrheit, energisch belebt werden davon. *G 387*

56 Berlin 1843. Bürgerliche Idylle. Gemälde von Eduard Gärtner. Der durch sein Unternehmen zu Wohlstand gelangte Schlossermeister Hauschild und seine Familie im detailgetreuen Wohnzimmer in der Strahlauer Straße in Berlin

betrachtet, glaubt man Clemens Brentano, besitzen Philister gar keinen Gesichtskreis, sondern ein »Gesichtsviereck ..., denn sie begreifen nur viereckige Sachen«. Philiströse Vernunft macht die Welt handhab- und verwertbar. Der Sinn für alles, was nicht in Heller und Pfennig zu Buche schlägt, geht den Philistern folglich ab: »Alle Begeisterten nennen sie verrückte Schwärmer, alle Märtyrer Narren und können nicht begreifen, warum der Herr für unsre Sünden gestorben und

Die Epoche der deutschen Geschichte zwischen dem Ende der Napoleonischen Kriege und der Revolution von 1848 läßt sich als **»Vormärz«** oder aber als **»Zeitalter der Restauration«** beschreiben. Es sind Jahre der untergründigen revolutionären Gärung, aber auch des massiven Beharrens auf Überkommenem, ja Überholtem. »Wenn die Menschen auf dem Meere der Zeit angeschwommen kommen, klein und groß, werden sie langsam ausgedörrt an dem Feuer des pädagogischen Zwanges, eingerieben mit dem Salz alter Vorurteile, und wenn sie dann eng zusammengepreßt in dem Gefängnis einer Staatsform

nicht lieber zu Apolda eine kleine nützliche Mützenfabrik angelegt.«

Letztlich ist der Philister die inkarnierte Banalität in einer gnadenlos banalisierten Welt, ein Mensch, der – so Joseph von Eichendorff – »das Gemeine wichtig und das Große gemein nimmt«.

Quadratisch-praktisches Denken ist insbesondere für die Untergattung der ordnungs- und systemverliebten Vernunft- und Bildungsphilister kennzeichnend. Die eine viereckige Erkenntnis fügt sich nahtlos zur nächsten, und Philister ruhen nicht, bis die gesamte Wirklichkeit ummauert ist. Philister besitzen auf alles eine Antwort, was den charakteristischen Trugschluß eines von Clemens erwähnten Philisters erklären mag, der glaubte, Paulus sei, »weil er gesagt: ›Unser Wissen ist Stückwerk‹, ein Kanonier gewesen«.

Nur scheinbar im Gegensatz zum Vernunftphilister steht der Gemütsphilister, den E. T. A. Hoffmann in Gestalt des Murr beschreibt. Murr, ein Kater in den besten Jahren, unterrichtet seine Leser eigenpfötig (er selbst ist literarisch tätig) nicht nur über seine Erfolge bei der Damenwelt, sondern vor allem über sein reiches Innenleben. Als Gemütsphilister ist er hehren Idealen verpflichtet und folglich tief ergriffen über die Not seiner armen Mutter Mina. Er eilt ihr – ein Kater, ein Wort – mit einem Heringskopf entgegen, der allerdings (»Feindliches Verhängnis! O Appetit, dein Name ist Kater!«) nie seinen Bestimmungsort erreichen wird. Gemütsphilister neigen zu periodischen Gefühligkeitsattacken, die sie als Inseln der Sentimentalität aus dem alltäglichen Leben ausgrenzen, um dann unbeeindruckt zur Tagesordnung des Erwerbs überzugehen. Die Katze läßt eben das Mausen nicht und der (Gemüts-)Philister – mit weicher Schale und hartem Kern – nicht das Philistern.

beisammen liegen, so entsteht aus diesem ängstlichen Druck eine pikante Brühe, die man den Geist der Zeit nennt. Mit den Heringen nimmt man dieselbe Prozedur vor; aber erst wenn sie tot sind«, schreibt Friedrich Schleiermacher über die politischen Verhältnisse. Philister haben sich – um den Preis ihrer eigenen Erstarrung – mit den erstarrten gesellschaftlichen Strukturen arrangiert. Demokratische Rechte und bürgerliche Freiheiten sind ihnen letztlich verzichtbar, wenn man ihnen nur die eine läßt: die Freiheit, sich zu bereichern.

Nach ihrer Rückkehr aus dem feindlichen Leben (da die Welt bekanntlich schlecht ist, dürfen Überlegungen zur eigenen Schlechtigkeit entfallen) lieben Philister die Gemütlichkeit. Spätestens an dieser Stelle ist die für das traute Heim (Glück allein!) und die Erziehung der Jungphilister zuständige Philisterin zu nennen. »Und drinnen waltet / Die züchtige Hausfrau, / Die Mutter der Kinder, / Und herrschet weise / Im häuslichen Kreise, / Und lehret die Mädchen / Und wehret den Knaben, / Und reget ohn Ende / Die fleißigen Hände, / Und mehrt den Gewinn / Mit ordnendem Sinn.« (›Das Lied von der Glocke‹). Schillers Hausfrauenidyll belegt, daß der erfolgreiche Philister ohne die Unterstützung der rührigen Philisterin an seiner Seite nicht denkbar ist.

Auch Clemens widmet sich der weiblichen Philisterei, rät allerdings zur Ehe (für ihn die natürliche Bestimmung der Frau und zugleich eine Art Sicherheitsverwahrung), um das Weib vor zwei philiströsen Abwegen zu bewahren: »der eine ein sündlicher, und der andere ein toller, die sich häufig durchschneiden oder ineinander führen; der sündliche ist ehelose Verkäuflichkeit …; der tolle Weg aber ist eine falsche Tendenz aus der Genialität des Fleisches in die des Wortes, und wir finden sie häufig in gelehrten Frauen«.

Clemens Brentano hat seine »scherzhafte Abhandlung« für die ›Deutsche Tischgesellschaft‹ verfaßt, die Frauen und Juden ausschließt. Auch schwere judenfeindliche Ausfälle tragen daher zur allgemeinen Erheiterung der stramm national gesinnten Herrenrunde bei. Offenbar ist es zu diesen Zeiten möglich, flammende Reden gegen die Philisterei zu halten, ohne sich selbst vom Lehnstuhl der Vorurteile erheben zu müssen. Philister sind eben immer die anderen. Es handelt sich also um ein besonders heimtückisches Übel, denn, so Clemens, »kein Philister kann glauben, daß er einer sei«.

»Wer zufällig in eine Grube fällt, dem kann man versuchen, wieder herauszuhelfen. Wer aber mit Überzeugung sich auf einen Misthaufen setzt, er sei ein bequemes Polster, … wie ist dem von diesem Misthaufen herunterzuhelfen?« (5, 387) – so die Frage von bleibender Aktualität, die selbst Bettine, die sonst kaum um eine gute Idee verlegen ist, nicht zu beantworten vermag.

Bettine und die Justiz

Der Justiz- und Verwaltungsapparat Preußens gehört zu jenen Instanzen, die Bettine mit harscher Kritik überzieht. Und in der Tat hält er das Land im eisernen Griff. Eine willkommene Gelegenheit, sich mit den ungeliebten Vertretern des Obrigkeitsstaates anzulegen, ergibt sich, als Bettine im Juli 1842 folgendes Schreiben der »Deputation des Magistrats zur Erhebung der Hundesteuer« zugestellt wird: »Der Frau Baronin von Arnim wird hierdurch bekannt gemacht, daß wir die Execution auf Hundesteuerreste, im Betrag von Einem Thaler 15 Sgr. sowie auf Contraventions-Strafe im Betrage von Vier Thaler 15 Sgr. zusammen Sechs Thaler wider sie dergestalt verfügt haben, daß, wenn binnen drei Tagen die Bezahlung dieser Gelder und der Executions-Gebühren mit 5 Sgr. dem Executor nicht nachgewiesen werden kann, sodann mit der Abpfändung ihrer Sachen wider sie verfahren werden muß, wonach dieselbe sich zu richten hat.« Bettines Antwort auf das in kunstvoller Beamtenprosa verfaßte Schreiben fällt nicht minder kunstvoll aus. Sie schildert den Werdegang eines jungen, unbedarften Hundes vom Lande, den es in die Wirren der Großstadt verschlägt, wo er sich dann –

57 Zuneigung. Gemälde von Briton Riviere, 1877

Näheres zu dem **behördlicherseits inkriminierten Tier** ließ sich nicht eruieren, außer, daß es »gepflegt von zarten Händen«, d.h. von Bettines Töchtern, »eine nimmergeahnte Höhe« erlangte. Es handelt sich also wohl um einen der Familie untergeschobenen Schoßhund, der schon bald auf keinen Schoß mehr paßte.

58 ›Die Hunde als Revolutionäre‹, Gemälde von Friedrich Anton Wyttenbach, 1842. Finstere Meute gefährlicher Revoluzzer, die sich unter einem an der Jakobinermütze zu erkennenden Anführer von Stand (vielleicht sogar ein Königspudel) zusammengerottet hat. Die »Deputation des Magistrats zur Erhebung der Hundesteuer« tut also gut daran, in aller Härte durchzugreifen und somit den Anfängen zu wehren.

unschuldig kriminalisiert – in der Gosse des Verbrechens wiederfindet. Ein ergreifendes Tierschicksal, das die Autorin zu einem Fanal des Widerstandes bewegt, einer Art Aufruf an die Hundebesitzer aller Länder, sich wider das Unrecht zu vereinigen: »Welche Freude, kämpfen für die Gerechtigkeit! Kämpfen für den Geist, der Millionen sein nennt auf dem Erdenrund!« Mit der Aufklärung des Falles hält sie lange hinterm Berg, trifft aber dann die preußischen Beamten ins obrigkeitshörige Mark. Der fällige Betrag sei von »Seiner Exzellenz dem Justizminister von Savigny« höchstselbst entrichtet worden, an den

Gestern Mittag kam Bettina von Arnim; wir sprachen über den Verein zur Erleichterung der Arbeiternoth … Frau von S. sagte salbungsvoll, Armuth müsse sein, Gott habe sie eingesetzt, er werde wissen zu welchem Zwecke! Bettina erwiderte mit Empörung, habe Gott die Armuth eingesetzt, nun so habe er auch die Revolution eingesetzt, die Guillotine, und darein müsse man dann ebenso fromm sich fügen.

Tagebucheintrag Varnhagens zum 29. November 1844

sich nun die Behörde zur weiteren Klärung zu halten hat. Peter Anton von Arnim, der den Fall von Hundeverfolgung in seinem Aufsatz ›Bettina und der Berliner Magistrat‹ aufgearbeitet hat, bezeichnet zu Recht derlei Scharmützel Bettines als ›Realsatiren‹. Diese gleichermaßen lust- wie phantasievollen Texte sind sichtlich mit einem Seitenblick auf die mögliche Veröffentlichung verfaßt und natürlich, um den preußischen Beamten (mit Tränen des Lachens ist hier kaum zu rechnen) die Tränen der Wut in die Augen zu treiben.

Weit ernster ist der Hintergrund im Fall der Betrügerin Hakewitz, zu dem Bettine bereits vernommen wurde und nun schriftlich aufgefordert wird, ihre Aussage zu beeidigen. Das Königliche Kammergericht zu Berlin erhält statt dessen ein erbostes Antwortschreiben: »Ich habe niemals die unverehelichte Hakewitz wegen des gegen mich verübten Betrugs und am wenigsten wegen Adelsanmaßung … denunziert … Ich habe einem ganz verlassenen Geschöpf eine Wohltat erzeigen wollen, sie hat mich betrogen, ich habe es ihr verziehen, ohne Erstattung zu verlangen, schenke ihr vielmehr alles, was sie auf diese Weise von mir erlangte.« Nicht das Vergehen, sondern dessen Verfolgung ist für Bettine der eigentliche Skandal, zumal die Behörde nicht wegen Betruges, sondern wegen des mit einem drakonischen Strafmaß belegten Deliktes der Adelsanmaßung ermittelt: »Also weil ein armes Mädchen, die vielleicht ohne Belehrung, sicherlich ohne die Kenntnis, daß überhaupt ein solches Gesetz existiert, aufgewachsen ist und die vielleicht ein Opfer der Verführung sogenannter höherer Stände ist, mir in meiner Stube, um mein Mitleid zu erregen, sagt: sie sei aus besserem Stande, sie sei von Adel und durch Unglück soweit gebracht mich um eine Gabe zu bitten, die ich ihr auch ohne diese Lüge gegeben haben würde, sollte man sie und ihr eben geborenes Kind mit zwei Jahren Zuchthaus bestrafen?«

Am Postdamer Thor, als es schon dämmerte, begegneten wir Bettinen von Arnim, sie klagte wieder, sie sei kaputt und sah leidend aus; sie ging zu einer armen Tischlerfrau, um ihr Kleidungsstücke und Geld zu bringen; sie ist außerordentlich brav in solchen Dingen, und nicht zu ermüden.

Tagebucheintrag Varnhagens zum 26. August 1844

Bettine hat zwischenzeitlich das Vorgehen der Behörde findig hintertrieben, indem sie einen ihrer Söhne veranlaßte, sich wegen Anmaßung des Freiherrntitels selbst zu denunzieren. Entsprechend empört reagiert sie darauf, daß man gerade ihre Aussage wolle, »das heißt, die Aussage derjenigen Frau, deren Sohn durchaus nicht zur Untersuchung gezogen wird, obgleich er selbst das Hochlöbliche Kammergericht dazu aufgefordert hat? Ich sage aber dem Hochlöblichen Kammergericht, daß dies eine so arge Satire auf die Gerechtigkeit ist, daß ich demselben rate, diese Untersuchung schleunigst niederzuschlagen, unter sich aber eine Kollekte zu sammeln, um für die Zukunft der Hakwitz zu sorgen; daß sie ins Künftige nicht mehr auf schlechte Streiche zu fallen braucht; sollte sie dennoch, und zwar in Folge meiner Aussage wegen Anmaßung des Adels von einem Hochlöblichen Kammergericht, zu einer so harten Strafe als zwei Jahr Zuchthaus sind, verurteilt werden, so würde ich mich in meinem Gewissen für verpflichtet halten, auf jegliche mir mögliche Weise die Ausführung derselben zu verhindern.« Die Schlußsequenz enthält die unmißverständliche Drohung, den Fall zu veröffentlichen, und dies, nachdem Bettine ihn so arrangiert hat, daß an den hochlöblichen Herren nichts Löbliches mehr zu finden ist – »und bleibe eines Hochgelobten Kammergerichts gehorsamste Dienerin / Berlin d 24ten Januar 1845 / Bettine Arnim.« (5, 433ff.)

Wer sich derart mit der Justiz anlegt, muß sich nicht wundern, wenn er bei nächster Gelegenheit die amtliche Quittung präsentiert bekommt. Ausgangspunkt des von Gertrud Meyer-Hepner dokumentierten Magistratsprozesses gegen Bettine ist ihr Entschluß, sowohl ihre eigenen Werke als auch die ihres Mannes selbst zu verlegen. Am 18. August 1846 wird sie ultimativ aufgefordert, binnen acht Tagen die Bürgerrechte der Stadt Berlin zu erwerben, wozu sie als gewerbetreibende Per-

---

In ihrem Salon ist Bettine, die berühmte Schriftstellerin, von zahlreichen studentischen Verehrern umgeben. Ursprünglich sollte ihr Werk **›Ilius Pamphilius und die Ambrosia‹** die Briefwechsel mit mehreren dieser jungen Männer enthalten, wird aber dann auf den mit Philipp Nathusius beschränkt. In umgekehrter Konstellation wie im ›Goethebuch‹ befindet sich nun Bettine (Ambrosia) in der Rolle des die Jugend inspirierenden und lehrenden Genius, wobei freilich dessen Gegenüber Nathasius (Ilius Pamphilius) ein zwiespältiger, zwischen Begeisterung für hehre Ideale und Anpassung an bürgerliche Normen schwankender Jüngling ist.

son verpflichtet sei. Wiederum entspinnt sich ein ausgedehnter Briefwechsel voll Bettinischer Haken und Ösen, u.a. versendet sie ein Schreiben, das – neben manch anderer Provokation – einen Passus mit roter Tinte enthält, »nicht zu meiner Rechtfertigung, sondern damit ihre rote Farbe der Beschämung auf den Wangen eines Hochlöblichen Magistrats widerscheine« (M 38). Wegen dieses Schreibens erhebt der Staatsanwalt Anklage, und die »Deputation des Criminalsenats des Kammergerichts für schwere Verbrechen« eröffnet das Verfahren. Am 20. August 1847 wird Bettine wegen Beleidigung des Magistrats zu zwei Monaten Gefängnis sowie zur Zahlung der Gerichtskosten verurteilt. Alle Zeichen deuten darauf hin, daß sie gewillt ist, die Strafe anzutreten, zumal um die geplante Veröffentlichung der Prozeßdokumente publizitätsfördernd zu unterstützen. Es bleibt unklar, was oder wer sie dennoch bewegt, in Revision zu gehen. Vielleicht sind es familiäre Rücksichten, zumal sich nun auch Savigny – wohl gilt es, die Schande einer einsitzenden Frau von Arnim von der Familie abzuwenden – einschaltet, um zwischen sturen Beamten und einer widerspenstigen Bettine zu vermitteln. Sowohl rechtliche als auch familiäre Irrungen und Wirrungen schließen sich an. An deren Ende bezahlt Bettine zähneknirschend die Kosten des Gerichtsverfahrens und ist des weiteren in dieser Angelegenheit nicht mehr ansprechbar. Sie hat ihr viel Ärger eingebracht und zudem die Veröffentlichung ihres neuen Werkes ›Ilius Pamphilius und die Ambrosia‹ verhindert, was um so schmerzlicher ist, da sie dessen Erlös zur Unterstützung des politisch verfolgten Hoffmann von Fallersleben bestimmt hat. Am 11. März 1848 wird die Beschlagnahmung des Werkes aufgehoben. Nur wenige Tage später bricht die Revolution aus, in deren Wirren das Interesse an Bettines Buch untergeht.

Das literarische Erziehungsmodell scheitert, wie auch die reale Beziehung zu Nathusius, der sich – sehr zu Bettines Entsetzen – engstirniger Frömmigkeit und dumpfer Deutschtümelei zuwenden wird. Varnhagen charakterisiert den einstigen »Gefeierte(n) Bettinens von Arnim« im Jahr 1850 als »fanatische(n) Reaktionär, Frömmler und Kopfhänger, abhängig von dem Willen und den Launen seiner Frau, die früher eine wilde Hummel war, jetzt eine Betschwester ist, statt der früheren Reitpeitsche eine Bußgeißel schwingt. Beim Regen einen Regenschirm aufzuspannen, hält er für sündlich.« (III 1155)

Verbrechen und Strafe

Die Frage nach Verbrechen und Strafe, die Bettine im ›Königsbuch‹ thematisiert, steht im Zentrum des öffentlichen Interesses, da man mit einem dramatischen Anstieg der Kriminalitätsrate konfrontiert ist. Der preußische Staat reagiert auf diese Entwicklung u.a. mit dem Bau von Zellengefängnissen nach amerikanischem Vorbild. Kurz nach deren Fertigstellung (1849) besucht ein Gerichtsreferendar die Anstalt in Berlin Moabit, wo er auf eine Gruppe von 20 Gefangenen trifft, die aus der Einzelhaft zum Hofgang geführt werden: »Über den Kopf hatte jede von diesen Gestalten eine braune Wollkappe gezogen, deren vorderer Teil in Gestalt eines Schirmes heruntergeklappt war und das Gesicht so bedeckte, daß man nichts von demselben sehen konnte als zwei Augen, welche durch zwei in dem Schirm angebrachte Löcher unheimlich hindurchblickten. Jede schlich zehn Schritt hinter der andern her.« Der Zug führt in unwirklicher Stille – Sprechen und sonstige Geräusche sind unter Androhung der Dunkelhaft verboten – in den von einem Aufsichtsturm überragten Hofkomplex: »In jeden einzelnen fächerartigen Raum wurde nun ein Gefangener hineingelassen. So wie er drinnen war, schlug er die Wollkappe in die Höhe. Er hatte nun die Erlaubnis, eine halbe Stunde in diesem kolossalen Steinfächer hin- und herzulau-

fen.« Unter den gleichen Bedingungen erfolgt der Kirchgang, wozu die Gruppe in terrassenförmig angelegte, nach vorne offene Einzelzellen verbracht wird, von wo aus jeder Gefangene, »den Pfarrer auf der Kanzel sehen und an allen gottesdienstlichen Handlungen teilnehmen kann, ohne in irgendeine Gemeinschaft mit seinen Mitgefangenen zu kommen oder auch nur, ohne dieselben sehen zu können.«

Die hier angewandte Methode, die Verbrecher durch völlige Isolation zu Selbsterkenntnis und sittlicher Besserung zu zwingen, ist – wie ein damaliger Strafinspektor betont – sehr erfolgreich. Nach einer Phase von »heftigen Ausbrüchen der Leidenschaften« und der zweiten Phase eines »häufig mit Körperschwäche verbundenen milderen Gemütszustandes«, folgt die »überraschende Umänderung des ganzen inneren Menschen ... und nicht zu meinen seltensten Wahrnehmungen gehört es, das solche Gefangene, sich unbeobachtet wähnend ..., eifrig und mit Inbrunst beten.«

Bereits 1827 hat Bettine in Berlin die Vorlesungen von Nikolaus Heinrich Julius zur Gefängniskunde gehört, ist also über die Verhältnisse gut informiert. Im ›Königsbuch‹ läßt sie die Frau Rat Stellung beziehen, die sich mit Nachdruck gegen die Todesstrafe ausspricht und weiter vermerkt: »Unnütz sind Eure Zucht-, Schweig- und Isolierhäuser. Das sind keine Heil-

60 Vortrag über die Gefahren des Alkoholismus im Gefängnis von Fresne (oben)

Dächt jeder dran was Christus
spricht
Des Armen Recht vergesset nicht
So würde man davon nicht wissen
Daß Ihr aus Not habt rauben
müssen! –
Spruch an einer Gefängnismauer
(KB 215)

◂ 59 Das Gefängnis in Moabit

anstalten, sondern Marterkammern.« (KB 283) Der Staat gebärde sich zwar »immer drohend als strafender Zuchtmeister« (211), kümmere sich aber ansonsten nicht um die Menschen – außer »wenn der Landesvater will losdonnern, dann sind sie Euch gut als Futter für die feindlichen Kanonen. Wer davon heimkommt und selbst nach Futter schreit, das betrachtet ihr als Hefe des Volkes, und laßts wieder im alten Schlamm versinken« (206). Die Frau Rat macht nicht nur die soziale Ursache der Kriminalität kenntlich, sondern auch die Fragwürdigkeit einer Moral, die zwar den Verbrecher in aller Härte trifft, sich aber um die Bedingungen, unter denen Vermögen zusammengerafft werden, nicht kümmert: »Wers einmal [das Geld] hat, dem solls nicht geraubt werden. Wie einer da zum Gelde kommt, das wird nicht beleucht … Die sündhaften Anlagen im Menschen machen hier Strafgesetze gegen das, was sie im sündigen Genuß stören könnt … So ist denn der Grund der Strafe und Gesetze gegen die Sünde oft strafwürdiger oder verdammlicher als die Sünd selber.« (52). Entsprechend kommt die Frau Rat zu dem Schluß, daß »Verbrechen … krankhafte Erscheinungen des Staates sind« (282), nämlich eines Staates, der an falschen Werten krankt und folglich breite Schichten der Bevölkerung der Verelendung preisgibt.

61 Ein Häftling betet in seiner Zelle vor dem zentralen Überwachungsturm. Zeichnung von N. Harou-Romain, 1844

Der Revolution entgegen

»Allein den Hungrigen helfen wollen,
heißt jetzt Aufruhr predigen.«

Aus dem anfänglichen Wohlwollen Friedrich Wilhelms ist, so Varnhagen in seinem Tagebuch, nach eingehender Lektüre des ›Königsbuches‹ rasch »wahrer Unwille geworden« (Bä 97), was nicht verwundert, denn das Werk behandelt die brisanten Themen der Zeit. Neben dem Volkskönig und dem Gefängniswesen werden Fragen der Religion erörtert, zumal sich der Herr Pfarrer zu Besuch bei der Frau Rat Goethe eingefunden hat, um ihren Ausführungen zu lauschen. Sie kritisiert den »stehenden Sumpf« (KB 36) des Glaubens, der die Wahrheit und Freiheit ersticke, die als Frömmigkeit verkappte Spießermentalität in den »Holzpantoffeln der Demut« (39) und das ewige Aufrechnen der Sünden. »Tugend kennt kein Schachergesetz« (107), betont sie in Entgegnung auf ein Gottesbild, das dem eines himmlischen Oberbuchhalters gleicht.

»Je sündiger der Mensch sich fühlt, desto christlicher« (140), lautet der eherne Grundsatz einer Seelsorge, die sich vor allem um Machterhalt sorgt. Sie hält Menschen unter der Last ihrer angeblichen Verfehlungen geduckt und produziert Duckmäuser als den politisch gewünschten Charakter. »Ist das der Dank davor«, gibt sie dem Herrn Pfarrer zu bedenken, »daß [Gott] Sie aus dem Nichts hervorgezogen hat? Daß Sie nun sich vor ihm beklagen über Ihre Nichtigkeit?« (109)

Die geistliche Herrschaft, d. h. die überlegene Weisheit und Erkenntnis in den Werken und Gesetzen des Höchsten, ist zwar nur eine Herrschaft über die Gemüter ..., sie hat aber gleichwohl eine unermeßliche Kraft, weil sie auf den Willen und den Verstand der Menschen, als der Quelle aller ihrer freien Handlungen, wirkt und mithin dieselben gleichwie durch einen unsichtbaren Zauberstab zu lenken und zu bestimmen vermag. Willig und freudig gehorchen die Menschen aus allen Kräften, indem sie frei und bloß aus eigenem Trieb zu handeln wähnen. Sie werden durch ein mildes, kaum fühlbares Band gezäumet und regieret, gleich großen vom Wind der Leidenschaften getriebenen Schiffen, durch ein kleines Ruder gelenket.

Karl Ludwig von Haller (1768–1854), ein reaktionärer katholischer Politiker und Publizist, über die staatstragende Funktion der Religion

62 Prediger und Gemeinde. Gemälde von Joseph Anton Koch, 1793

Was wäre, »wenn nun heute der Christus vor jenen christlichen Tyrannen stände« (163), fragt die Frau Rat und gelangt zu jenem Thema, das sie wie kein zweites in Rage bringt: das unselige Bündnis von Thron und Altar. Das »Eiapopeia vom Himmel, / Womit man einlullt, wenn es greint, / Das Volk, den großen Lümmel« (Heinrich Heine: ›Deutschland, ein Wintermärchen‹), spendet traditionell himmlischen Trost angesichts trostloser irdischer Verhältnisse. Was aber soll, nach Meinung der Frau Rat, die ganze Sorge um die Heilserwartung in der Zukunft, »da wir die Gegenwart ihr nicht erfüllen?« (107)

All dies ist Ausdruck des »tyrannischen Zopfes, den Ihr«, wie sie den Herrn Pfarrer wissen läßt, »der Christenheit andreht« (126), und dies über Jahrhunderte hinweg. Das »unseligmachende Sklavengericht« der Inquisition, das »den freien Geist im

Hier ist die Verkehrtheit am Tag, aller Orten und Enden, und sie wollen immer eine Christliche Kirche haben, in der das Volk angepredigt wird, aber einen Christlichen Staat haben sie nicht, in dem Gerechtigkeit und Großmut gepflegt werden. (5, 941)

An ihren zwischenzeitlich zu einem konservativen Katholizismus zurückgekehrten Bruder Clemens, 1839

Menschen verfolgte« (161), verfolgt ihn bis in die Gegenwart hinein: »Jedes Antasten der Geistesfreiheit ist Inquisition.«

Auch die Frau Rat ist eine fromme Frau, freilich nicht im konventionellen Sinne, denn der Glaube soll in ihrer Auffassung den Menschen befreien, nicht unterdrücken. »Ja Glaube ist, was ihr Unglaube nennt, und Unglaube ist Euer Zwangsglaube«, der den »reinen Gottheitstrieb zur Weisheit, zur Wahrheit« als »Frevel an Eurer Staatsreligion« (115) unterdrückt und zudem die ursprüngliche christliche Botschaft verfälscht. »Christus wollte keine Priester ..., die um den milden Geist Christi uns betrügen« (175), vermerkt die Frau Rat über eine von Kirche und Klerus usurpierte Religion, die zum »Deckmantel boshafter Krankheit« geworden ist: »Kein wildes Tier hatte je so viel Wut, als die durch die Unfehlbarkeit der Kirche aufgeschwungne Tyrannei!« (162)

Der geistliche Herr, der es immerhin – durch dieses und jenes Gläschen Schnaps gestärkt – einige Zeit bei der Frau Rat ausgehalten hat, »empfiehlt sich ganz verdattert« (183) – wie auch mancher Freund Bettines. Für Wilhelm Grimm jedenfalls besteht die Absicht des ›Königsbuches‹ darin, »das Christentum lächerlich zu machen, und das ist mir zuwider«. (III 853)

Bereits die Zeitgenossen heben die Bedeutung des Anhangs zum ›Königsbuch‹ hervor, der die Lebensbedingungen von Be-

Die Frau Rat gibt Bettines Stellung zur Religion wieder. In einem Brief an ihre Schwester Lulu (1846) setzt Bettine deren von »gewissenhafter Treue für den katholischen Glauben« geprägte Haltung von der eigenen »gänzlichen Nichtachtung und Ignoranz der Kirche [gegenüber]« (5, 438) ab. Dennoch ist auch Bettine eine religiöse Frau, deren Texte voll theologischer Sequenzen sind, die ausgezeichnete Bibelkenntnisse belegen. Einflüsse Schleiermachers und der junghegelianischen Religionskritik sind spürbar, freilich im Rahmen eines eigenständigen Gegenentwurfs zur zeitgenössischen »Drohbotschaft« des Christentums. Im Zentrum des religiösen Denkens Bettines stehen die Freiheit (»denn Freiheit ist das ungehemmte Walten des Göttlichen«, III 964) und die Selbstbejahung des Menschen sowie die Forderung nach irdischer Gerechtigkeit: »Gerechtigkeit gegen alle beurkundet die wahre Liebe zu dem einen.« (GB 536) Bettine unterscheidet zwischen Christus, dem »Seelenschmetterling« und dem »ängstlichen Raupengeschlecht, das so mühsam nachkriecht«, d. h. der Kirche. Als Mittler zu Christus gilt ihr nicht der institutionalisierte Glaube, sondern eine »Religion des eigenen Gewissens«, die Religions- bzw. Konfessionsgrenzen überschreitet und folglich in »Sympathie für alle Religionen« mündet, »die einander berühren, wie im Winde die schwankenden Bäume des Waldes«. *D 277*

63 Darstellung Bettines aus dem Skizzenbuch Heinrich Grunholzers

wohnern des Vogtlandes, einer Armenkolonie in der Berliner Vorstadt, schildert. Der Text geht auf die Notizen des Schweizer Studenten Heinrich Grunholzer zurück, die ihm Bettine abkauft. Sie fügt sie dem ›Königsbuch‹ hinzu, wodurch ihr Werk eine radikale stilistische Wendung nimmt. Die Kurzbeschreibungen bilden eine Art frühe Sozialreportage, die sich – ohne alle Schnörkel – auf die Darstellung der Tatsachen, d.h. der nackten Not, beschränkt. Ohne Zweifel ist es das Verdienst Bettines, die Einsicht in diese niederschmetternde Realität einem breiten Publikum zugänglich gemacht zu haben.

Während Bettines Buch bei den fortschrittlichen Kräften auf Zustimmung trifft, erfolgt von der Gegenseite harsche Kritik. Der Preußische Innenminister von Arnim-Boitzenburg jedenfalls hält das ›Königsbuch‹ »vermöge der darin dargelegten Irreligiosität und vermöge des darin gepredigten heillosen Radikalismus für eine der gemeingefährlichsten Schriften« (III 851).

Im Dachstübchen Nr. 76 wohnt ein Schuster, Schadow. Ich sah lange Zeit durch die gespaltene Tür ins Zimmer. Er arbeitete fleißig; die Frau saß am Boden und nähte einige Lumpen zusammen; zwei kleine, halbnackte Kinder saßen am Boden und spielten mit einer alten Tabakspfeife. Als ich eintrat, war Schadow ganz erschrocken; er hatte mich für den Inspektor gehalten, dem er Miete schuldig ist, und sah sich gern enttäuscht. Das Zutrauen der Unglücklichen hat man sich bald erworben: es ... dauerte nicht lange, so erzählte mir der Mann seine ganze Lebensgeschichte; daß er dabei nicht viel von seinen Fehlern sprach, schien mir sehr verzeihlich und zum Teil überflüssig, da ich an ihm ja leicht merken konnte, daß er den Branntwein liebt und seine Frau sehr unordentlich ist ... 1836 zog er ins Familienhaus. Fünf seiner Kinder starben an den Pocken und während sie krank waren, fehlte es ihm an Arbeit. Von Niemandem unterstützt,

Es ist eine Adresse der Zeit, von einem Weibe, einer mutigen Prophetin verfaßt und deshalb von Tausenden von Männerunterschriften bedeckt, weil Bettina hier nur das Organ einer allgemeinen Ansicht, die kühne Vorrednerin ist, die Jeanne d'Arc, die nicht mit ihrem Arme, sondern mit ihrer Begeisterung ... das Vaterland retten will. (III 864)

Karl Gutzkow in einer Rezension mit dem Titel ›Diese Kritik gehört Bettinen‹

Das Werk wird in Bayern und Österreich verboten. Die preußische Polizeibehörde reagiert – bei aller Verärgerung – relativ gelassen; »weil weder Form noch Sprache [die Schrift] zur größeren Verbreitung geeignet machen und sie des Wunderlichen und Abenteuerlichen so viel enthält«, daß die anstößigen Inhalte »in der Masse des Stoffs verschwinden« (875). Man darf in diesem Fall dem Urteil der im Aufstöbern und Ausmerzen potentieller Gefahren erprobten Fachkraft vertrauen, zumal auch wohlmeinende Rezensenten Bettines »innere Ohnmacht sich zu beschränken« und das »formlose Durcheinander« (868) weiter Teile des ›Königsbuchs‹ beklagten.

Hier schafft die Broschüre von Adolf Stahr ›Bettina von Arnim und ihr Königsbuch‹ (1843) Abhilfe, die das Oberzensurgericht auf den Plan ruft, da Stahr das Werk »durch geordnete zusammengestellte Auszüge der verwerflichsten und heftigsten Stellen für die Menge genießbarer macht« (873f.). Die Broschüre wird prompt verboten.

Eine weiteres Pamphlet erscheint: ›Ruchlosigkeit der Schrift: *Dies Buch gehört dem König*‹. Ein untertäniger Fingerzeig gewagt von Leberecht Fromm‹ (Bern 1844). Sowohl der vor Staatstreue triefende Titel als auch die geballte Biederkeit des Auto-

geriet er dadurch so in Schulden, daß er mehrmals aus dem Haus geworfen werden sollte. Er verkaufte Hausgeräte und Kleider und ist jetzt so entblößt von allem, daß er nicht einmal ein Hemd besitzt. Durch Arbeit kann er sich nicht wieder aufschwingen, weil es ihm an Leder fehlt und die Flickarbeit, die er den Leuten im Familienhause macht, schlecht bezahlt wird. Zudem hat er mit zwölf anderen Schustern, die am gleichen Ort wohnen, zu konkurrieren ... Das Kleine fing an vor Hunger zu weinen. Sch. hatte so eben einen Schuh geflickt und gab ihn der Frau mit den Worten: »Trag ihn fort, laß dir einen Sechser dafür geben und bring dem Kind ein Semmelbrot; es hungert.« Die Frau kam mit leerer Hand zurück; das Mädchen, dem der Schuh gehörte, konnte nicht bezahlen. Das Kind weinte noch immer, und Vater und Mutter weinten mit.

KB 334f.

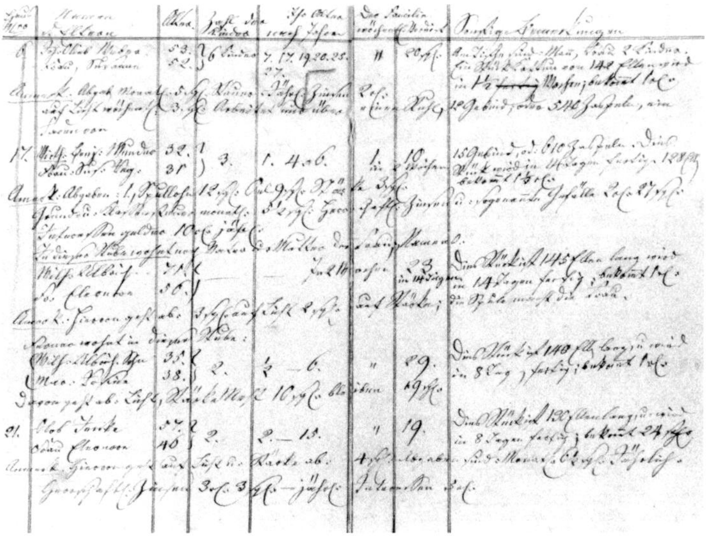

64 Tabellarische Liste der Armen in Leutmannsdorf. Aus den Materialien zum Armenbuch.

rennamens (wahrscheinlich das Pseudonym des Frühsozialisten Wilhelm Marr) dienen zur Etikettierung einer Mogelpackung, denn das Aufzeigen der Ruchlosigkeiten läuft auf deren Zusammenfassung und Verbreitung hinaus: ein gelungener satirischer Coup unter den Bedingungen des Obrigkeitsstaates, der immerhin die Phantasie seiner Bürger zu beflügeln versteht. Auch diese Schrift wird verboten.

Bettine arbeitet einstweilen in Richtung der frühen Sozialreportage weiter. Sie läßt am 15. Mai 1844 in allen großen Zeitungen Deutschlands Anzeigen erscheinen, wo sie um Material zur Armut bittet, das sie überarbeitet in einem ›Armenbuch‹

Im Kontext des ›Armenbuches‹ steht Bettines **»Bergpredigt über die Armut«**, die J. Döring in einem Brief (1844) festhielt. Bettine bezieht sich auf die Armutsforderung des Evangeliums, das seit 2000 Jahren mißbraucht wird: »Und die Armen haben sich bisher beruhigen und einschläfern lassen von der Aussicht in's Jenseits.« Systematisch hält man das Volk in Dummheit, denn andernfalls »stände es schlecht mit der Herrschaft der Reichen«. Freilich wird die Zeit kommen, da sich die Armen nicht mehr mit Almosen besänftigen lassen: »Ich sage euch: Der Reiche hat kein Recht zu geben, und die Armen müssen sich nehmen, was ihnen zukommt.« (Ar 67ff.)

Du sollst deinen Nächsten lieben wie dich selbst! – Wer ist des Königs Nächster? – sein hungerndes Volk! (III 974)
Brief an Alexander von Humboldt, 22. Juni 1844

veröffentlichen will: »Ich habe den Ertrag für die Armen bestimmt.« (BÄ 108)

Inzwischen eskalieren die Ereignisse in Schlesien. Durch die Einführung des mechanischen Webstuhles haben sich die Arbeitsbedingungen der Weber dramatisch verschlechtert. 1830 hat ihr Wochenlohn 80 Silbergroschen betragen, 1844 erhalten sie noch ein Viertel davon – oder sie sind arbeitslos. Drückende Not treibt sie in den ersten Arbeiteraufstand Deutschlands, der vom preußischen Militär blutig niedergeschlagen wird. »Wie viele arme Menschenleben«, so Bettine im Sommer 1844, »deckt der Gottesacker, die dorthin gebettet wurden, weil der Schweiß ihres Angesichts ihnen dennoch kein Feld fruchtbar machte; sie haben müssen verschmachten. Wie viele Kinder sind schon im Mutterleib mit dem langsamen Hungertod gemartert, und haben müssen in der Geburt das Leben im ersten Atemzug zurück geben. Weiß ein Staatsmann was das ist, Hunger? – Weiß es ein Regent? – Wie berechnet man eine solche Tat der Empörung, wenn die Mutter dem neugebornen Säugling der in ihrem Leib darben mußte, keine Nahrung geben kann, und das Kind muß sterben, und sie muß sich aufraffen in ihrer Schwäche zur Arbeit.« (III 760)

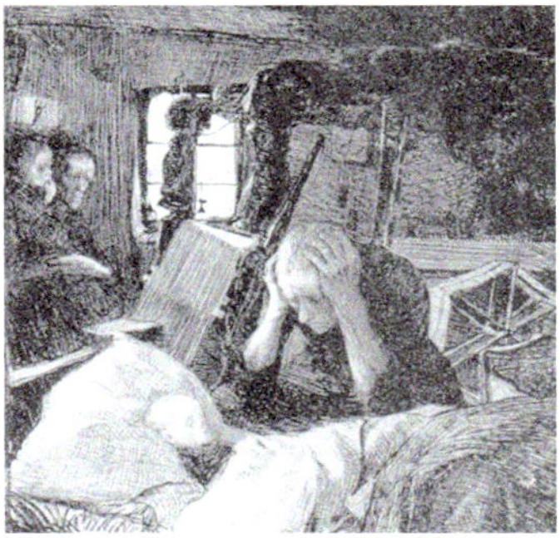

Ludwig Börne über den **Seidenweberaufstand 1831** in Lyon: »Es ist wahr, der Krieg der Armen gegen die Reichen hat begonnen, und wehe jenen Staatsmännern, die zu dumm oder zu schlecht sind, zu begreifen, daß man nicht gegen die Armen, sondern gegen die Armut zu Felde ziehen müsse.«

65 50 Jahre später stellt Käthe Kollwitz die Not der schlesischen Weber in ihren Radierungen dar.

66 Das Ende des Weberaufstandes. Radierung von Käthe Kollwitz

Wiederum sucht sie über Humboldt beim König, diesmal für die Sache der Schlesier, zu intervenieren – ergebnislos. Friedrich Wilhelm ist hingegen damit beschäftigt, Preußens Glanz und Gloria durch monumentale Prachtbauten in Berlin zu mehren. Auch Bettines Vorschlag, »der König möge den hier beabsichtigten Dom in tausend Hütten in Schlesien bauen« (Bä 112), trifft auf taube Ohren.

Unterdessen nimmt die politische Ursachenforschung in der Hauptstadt eine kühne Wendung. Nicht nur die Niederträchtigkeit der Schlesier – »es müsse mit den schlechten Kerls ohne Erbarmen verfahren werden«, bemerkt Bettines Schwager Savigny – ist an allem Schuld. Auch von Bettine, wie Rahel Varn-

---

Die Tendenz dieser Teegesellschaften ist eine sozialistische, indem die Versammelten sich vorzugsweise über ein in Wesen und Form zu verbesserndes Leben unterhalten und besprechen. Vorzüglich ist es das weibliche Geschlecht, das sich nach der Befreiung von den Fesseln des Herkommens, der Mode, der Konvenienz sehnt. Unter allen Frauen dieser Art in Berlin, die einen öffentlichen Ruf genießen, ist Bettine von Arnim unstreitig die erste und bedeutendste. (III 698)

Beobachtung eines Spitzels in Bettines Salon, 1847

Unter den Postbeamten finden sich Leute, welche von der Polizei besoldet und verplichtet sind, sowohl diejenigen Briefe, welche den Adressen nach reglementmäßig hierzu gehörten, als auch diejenigen, welche ihnen selbst von Interesse scheinen, aus den Arbeitsschränken der Postexpedition an sich zu nehmen. Die Vorsteher des schwarzen Kabinetts erhalten dieselben zur »Perlustration«. Sie werden mit besonderen Werkzeugen geöffnet, dann kopiert oder exzerpiert und von neuem vorsichtig geschlossen zur Weiterbeförderung auf die Expedition gegeben.

Ernst Dronke über das »Schwarze Postkabinett« in Berlin

hagen berichtet, sagt man, »sie sei Ursache des Aufstandes, sie habe die Leute gehetzt« (III 1078). Unter diesen Umständen bestehen keinerlei Aussichten auf Veröffentlichung des ›Armenbuchs‹: »Allein *den Hungrigen helfen wollen, heißt jetzt Aufruhr predigen«* (1081), schreibt Bettine im Juni 1844 und stellt ihre Arbeit am ›Armenbuch‹ erst einmal ein.

Die politische Situation spitzt sich zu. Bettine findet sich unversehens im Lager der Staatsfeinde wieder. Ihr Salon wird bespitzelt, ihre Post geöffnet. Sie macht das Umfeld des Königs verantwortlich, wo man gegen sie intrigiert, »bloß um zu hindern, daß er durch mich die Wahrheit, die ihm noch Heil bringen konnte, erfahre« (PS 104). Also interveniert sie weiterhin beim König – gegen die Vollstreckung des Todesurteils am Königsattentäter Ludwig Tschech (1844), für die Begnadigung des polnischen Revolutionärs Ludwig Mieroslawski (1846), für den Revolutionär Gottfried Kinkel (1849) – in allen Fällen vergeblich. Offenbar ist ihr Stern beim König gesunken, und auch ihr Verhältnis zu ihm kühlt merklich ab.

Im März 1848 bricht infolge von dünkelhaftem Starrsinn und notorischer Realitätsverleugnung in Berlin die Revolution aus. Am 18. März sind 230 Todesopfer zu beklagen. Am 19. März zwingt das Volk den König, seiner Schande ins Auge zu sehen und die Getöteten zu ehren. Wiederum werden Reformen

In der **Schlußakte des Wiener Kongresses** wird Polen unter Preußen, Österreich und Rußland aufgeteilt. An den Aufständen des polnischen Volkes nehmen die fortschrittlichen Kräfte – so auch Bettine – bewegten Anteil. In ihrer unter Peudonym veröffentlichten ›Polenbroschüre‹ (›An die aufgelöste preußische Nationalversammlung. Stimmen aus Paris‹, 1848) geißelt Bettine die brutale Unterdrückung des polnischen Volkes durch Preußen als »herrschsüchtige Leidenschaft, die, um sich zu sättigen, nur ein Volk ins Nichts auflösen will!« (Bä 122) und ruft statt dessen zur Völkerverständigung auf.

67 Zeitgenössische Darstellung des Barrikadenkampfes auf dem Berliner Alexanderplatz in der Nacht vom 18. zum 19. März 1848

versprochen – wiederum werden die Versprechen nicht gehalten. Ein Staatsstreich droht, denn dem erzreaktionären Kronprinzen ist das Vorgehen des reaktionären Königs zu lasch. Wiederum interveniert Bettine und sucht den König zu bewegen, mit Theodor von Schön eine Persönlichkeit des Ausgleichs als Regierungschef zu berufen – vergeblich.

Spätestens mit Friedrich Wilhelms Ablehnung der – wie er sagt – »mit dem Ludergeruch der Revolution behafteten« Kaiserkrone, die ihm die Delegierten der Paulskirche antragen, ist

Mit Lügen wird man die Schmach zudecken wollen, mit welcher König und Regierung verräterisch sich befleckten, aber die Schande ist nicht zu verwinden ...: die Schlacht des Verrats am Volk; bewaffnete Soldaten gegen wehrloses Volk und – es ist Sieger geblieben moralisch und physisch. Versammelt auf dem Schloßplatz, um für die gegebne Pressefreiheit zu danken, wird plötzlich vom Militär in die Menge eingehauen, mit Stückkugeln geschossen. – Die Leute fliehen und werden verfolgt. – In zwanzig Minuten war die Stadt mit Barrikaden verschanzt, jedes Haus eine Festung – die Waffenläden gestürmt und gegen Kartätschen, Gewehr und Säbel angekämpft. – Unzählige Opfer sind gefallen. – Unterdessen hat der König jede Bitte der Geistlichkeit wie des Stadtrats, dies Blutbad doch aufhören zu lassen, hartnäckig abgewiesen, die Schlacht dauerte von Mittag zwei Uhr bis am andern Tag zehn Uhr. – Am andern Tag war Volksjustiz, die zusammengehauenen Bürger- und Arbeiterleichen wurden auf Bahren ins Schloß getragen; das Volk zwang den König und die Königin, die aufgedeckten Wunden anzusehen ... (5, 410f.)

Bettines Augenzeugenbericht der Ereignisse

Als vor dem Schlosse durch die hervorstürmenden Soldaten die ersten Gefangenen in den Schloßhof gebracht wurden, meist armselige Leute, Krüppel, die nicht schnell genug hatten fliehen können, schwächliche Alte und unreife Jungen, die darauf in den Schloßkeller gebracht und arg behandelt wurden, da trat der Prinz von Preußen vor und redete die Soldaten heftig an: »Grenadiere, warum habt ihr die Hunde nicht auf der Stelle niedergemacht?«

Varnhagen in seinem Tagebuch über das »forsche« Auftreten des Kronprinzen (des späteren Kaisers Wilhelm I.), 18. März 1848

die Chance auf eine demokratische Erneuerung im Rahmen einer konstitutionellen Monarchie vertan. Niemand glaubt mehr an eine solche Lösung – oder besser: kaum noch jemand. 1852 veröffentlicht Bettine ihr Spätwerk: ›Gespräche mit Dämonen, des Königsbuchs zweiter Band‹. Sich selbst sieht sie in sokratischer Tradition in der Rolle des *daimonion,* also als guter Geist, der dem schlafenden König die Wahrheit zuflüstert. Angesichts eines Königs, den selbst der Donnerschlag von 1848 nicht aus seinen Träumen reißen kann, ist Bettines Konzept offenkundig überholt. Das Werk wird kaum noch beachtet und selbst von Freunden kritisiert – der Endpunkt einer sich seit geraumer Zeit abzeichnenden Entwicklung ist erreicht.

68 Aufbahrung der Märzgefallenen in Berlin 1848. Gemälde von Adolph Menzel, 1848

»Weiter kann die Lehre von der Nichtverantwortlichkeit nicht getrieben werden, als wenn behauptet wird, die »Selbstherrscher« (d. h. Könige) seien an allem, was geschieht, unschuldig« (III 885), schreibt bereits 1847 Bruno Bauer, der einstige Weggefährte. Den Republikanern und Sozialisten ist Bettine nun zu konservativ. Für die breite Front all derer, die das Bestehende gutheißen oder hinnehmen, ist sie zu fortschrittlich. Am 20. Januar 1859 stirbt Bettine im Abseits des Zeitgeistes.

»Bettines Weg ins Politische ist«, so Heinz Härtl, »Ausdruck und Folge einer individuellen Emanzipation.« Wiederum greifen Leben und Werk eng ineinander, hier nun in Gestalt eines politischen Wirkens, in dem sich die Außenseiterin konsequent auf die Seite der Außenseiter und Unterdrückten stellt. »Bettina läßt sich durch ihre Humanität verleiten. Sie glaubt immer die Unterdrückten im Recht« (G 562), vermerkt ihre konservative Schwester Gunda nicht ohne Tadel und trifft dennoch den Kern.

»Die Gründe also, warum ich den Proletarier am höchsten stelle, ist, weil er der Gemeinheit enthoben ist, als Wucherer dem Weltverhältnis etwas abzugewinnen« (M 38), schreibt Bettine, deren politischer Weg – so Härtl weiter – sie »an die Schwelle des Marxismus geführt« habe. Zu hinterfragen bleibt, wieso im Rahmen der konkurrierenden (und von Marx als utopisch diskreditierten) sozialistischen Bewegungen gerade der Marxismus zur politischen Heimat der konsequenten Individualistin hätte werden sollen. Die Nähe zu sozialistischem Gedankengut ist freilich unbestreitbar, ebenso die Tatsache, daß der Schritt nicht mehr vollzogen wird – vielleicht eine Frage des Alters, der familiären Rücksichten und auch der Zeitumstände, denn (auch wenn die ungelösten Probleme untergründig weitergären) die Hoffnungen auf Erneuerung sind erst einmal zerstoben. Das Bürgertum hat sich arrangiert, der Adel seine Stellung behauptet, das Militär triumphiert. Die Reaktion

---

Im Jahr 1848 konnte es noch bei der konstitutionellen Monarchie sein Bewenden haben …, die Völker wollten sie, wenn auch die Fürsten sie aufrichtig wollten. Da die Fürsten es nicht aufrichtig wollten, da sie alle wortbrüchig geworden, da sie die Feinde und Schlächter der Völker geworden, so haben sie selbst ihr unwiderrufliches Urteil ausgesprochen.

Varnhagen im Rückblick auf 1848

hält Deutschland wieder in eisernem Griff.

Bereits zu Lebzeiten Bettines nehmen die konservativen Töchter Maximiliane und Armgart sowie Sohn Siegmund, ein Jugendfreund Bismarcks und preußischer Diplomat, an ihren politischen Schriften Anstoß. Nach ihrem Tod entsorgt Siegmund den Nachlaß seiner Mutter in den hintersten Winkel des Landgutes Wiepersdorf und hält ihn bis zu seinem Tod unter Verschluß. Für lange Zeit gerät die politische Bettine in Vergessenheit, bis nach 1945 die Spaltung Deutschlands eine gespaltene Bettinerezeption im Gefolge hat. In der BRD wird sie lange Zeit aufs Schöngeistige reduziert, gilt als kindlich-exaltierte Bewunderin Goethes und Freundin großer Männer. Erst die von der Studentenbewegung des Jahres 1968 ausgehenden kritischen Impulse bringen im Westen auch das Bettinebild in Bewegung, für die sich nun eine für politische Themen aufgeschlossene Germanistik wie auch die feministische Wissenschaft interessieren. In der DDR hingegen widmet man sich seit den fünfziger Jahren dem politischen Wirken Bettines und fördert so das sozialkritische Erbe einer der ersten politisch aktiven Frauen Deutschlands zutage. Vereinnahmende Tendenzen sind sowohl in der BRD als auch in der DDR unübersehbar, wobei man in beiden Teilen Deutschlands davon

69 Österreichische Karikatur aus dem Jahr 1870, die auf die Lösung der nationalen Frage »durch Blut und Eisen« (Bismarck) anspielt

Aus finanziellen Gründen wird der **Nachlaß Bettines** von ihrer Familie im Jahr 1929 versteigert und ist seit dieser Zeit in aller Herren Länder verstreut oder aber verloren. Neben manch anderer schmerzlicher Lücke ist insbesondere der Verlust der Originalbriefwechsel mit Clemens Brentano und Karoline von Günderode zu beklagen. Das Herzstück der Auktion, Bettines Originalbriefwechsel mit Goethe, wird an ein amerikanisches Ehepaar verkauft und befindet sich heute in der New Yorker Pierpont Morgan Library.

Die eigentliche Achtung für weiblichen Genius gewannen die Deutschen erst durch Rahel und Bettine. Diese beiden Frauen haben eigentlich die geistige Emanzipation der Frauen zustande gebracht. Den Einfluß, den wir früher unbemerkt auf die Ansichten der Männer in geselligem Verkehr, oder in einer noch innigeren Verbindung ausübten, gehört jetzt zu den anerkannten Einflüssen; es ist seit Rahel uns erlaubt Gedanken zu haben, die sich mit Gegenständen des allgemeinen Menschenwohls beschäftigen, und wenn Rahel uns die Welt der Reflexion eroberte ..., band Bettine ... der Phantasie die Flügel los, die bis dahin gebunden gewesen. Kein Mann bestreitet uns mehr das Recht, uns zu der Klasse der denkenden Wesen zu rechnen ... (II 938) *Ottilie von Goethe an eine englische Freundin, April 1839*

profitiert, daß der Tod selbst das loseste Mundwerk zum Schweigen bringt. Von der Wiedervereinigung der geteilten Bettine könnten somit wichtige Impulse für eine Gegenwart ausgehen, die eben erst dann gesamtdeutsch ist, wenn sie auf Vereinigung und nicht auf Vereinnahmung beruht. Gerade heute macht es daher Sinn, sich – typisch Bettinisch – auf Grundlage der unveräußerlichen Rechte des Individuums die Frage nach der sozialen Gerechtigkeit neu zu stellen. Und dies, indem man den wohl schönsten Zug an ihr wiederbelebt: Wachheit gegenüber all jenen, die auf der Strecke bleiben und zu allen Zeiten verleugnet werden, gleich unter welcher Fahne der Zeitgeist die Gesellschaft gerade vorantreibt.

70 Bleibergbau bei Kommern, Eifel. Gemälde von J. Leinendecker, 1854

Über Industrialismus und Armut: Auch nach dem Scheitern des ›Armenbuchs‹ beschäftigt sich Bettine weiter mit dem Thema Armut. Sie überarbeitet die Broschüre des Schweden Georg Svederus und läßt 750 Exemplare auf eigene Kosten drucken. In einem von Bettines Hand stammenden Auszug (III 502ff.) wird neben der realen Armut die menschliche Verarmung infolge der entfremdenden Industriearbeit thematisiert, die den Menschen »zum Automat herabwürdigt«. Zur Kompensation dieses Unglücks wird der spärliche Lohn auf die »Aneignung augenblicklicher materieller Genüsse« verwendet, »um wenigstens durch sie ... am Genusse des menschlichen Daseins froh zu werden«. An die Stelle der Sinnstiftung durch Arbeit tritt – das 20. Jahrhundert wirft seine Schatten voraus – Sinnstiftung durch Konsum.

Gleichzeitig entwickelt sich die Produktion zu einer Art Selbstläufer, der »keinen Zweck hat, als eben den zur gesteigerten ferneren Hervorbringung seiner selbst«. Der »krasseste Egoismus« ist sein Motor, drückt die Löhne und scheidet infolge von Rationalisierung überzählig gewordenes »Menschenmaterial« aus dem Produktionsprozeß aus.

Und der Industrialismus verändert die Produkte selbst. Die Preise fallen, um die Produktion anzukurbeln und dann den Markt mit Minderwertigem zu überschwemmen: »Es ist eine allgemeine Klage, daß alle Waren von Jahr zu Jahr schlechter, weniger dauerhaft gemacht würden, daß sich nicht selten das Bestreben daran kund gebe, ihre Außenseite so vollkommen darzustellen, daß sie dem geringsten Werte einen trügerischen anlokkenden Schein leihe, damit um so sicherer der Preis dafür erlauert werde.«

Nicht nur die für das 19. Jahrhundert charakteristischen skandalösen Arbeitsbedingungen und Hungerlöhne sind somit das Problem. Der Industrialismus entwertet die Produkte, die er herstellt, und er bewirkt, daß der Arbeitende »ohne eigenen Zwecke für seine Arbeit, ohne Ziel für sein Leben ist«.

Die bürgerliche Industriegesellschaft, die das Lob der Arbeit auf ihre Fahnen geheftet hat, zeigt sich somit »unfähig ..., die Würde der Arbeit anzuerkennen«. Die Funktion der Arbeit als sinnstiftendes Bindeglied zwischen dem Menschen und seiner Welt, als Ausdruck seiner Verbundenheit mit anderen Menschen und nicht zuletzt seiner Freude am Leben geht verloren. Die Profitorientierung der Gesellschaft hat eben nicht nur den ersehnten Reichtum (auf Kosten anderer), sondern auch spezifische Formen der Werteverarmung im Gefolge. Jeder Angriff auf die Würde der Arbeit ist ein Angriff auf die Würde des Menschen und produziert Defizite, die eben nicht durch Konsum kompensierbar sind.

Ist überhaupt in einer Fabrik, wie der hiesigen, anders, als in einem meisterischen Hause und kein Zusammenhalt nit unter den Gesellen. Läuft jeder seinen Weg und dreht sich nit viel nach dem anderen. ... Zudem gefällt mir das Arbeiten nit, diweil jeder den langen Tag die gleiche Arbeit verrichten muß und dabei das Ganze aus den Augen verliert. Muß wohl in einer Fabrik solcherweise geschehen, kann mich aber nit darein schicken und mein immer, ich triebe mein Gewerb nur halb.

Ein Geselle über das, was sich für ihn, seit er in einer Fabrik arbeitet, veränderte

Die Tänzerin

Bettine faßt die Grundmotive ihres Lebens im tiefgründigen Bild vom Tanz zusammen. Denn sie sieht sich mit vielfältigen »Tanzverboten« konfrontiert, die sie zu zwingen suchen, sich in die Normen der Gesellschaft einzufügen. Doch Bettine, die passioniert aus der Reihe tanzt, folgt nicht fremdem Rat, sondern ihrer Tanzlust – wohl wissend, daß das Ende des Tanzes ihr eigenes Ende bedeuten würde: »Aber meine Seele ist eine leidenschaftliche Tänzerin, sie springt herum nach einer inneren Tanzmusik, die nur ich höre und die andern nicht. Alle schreien, ich soll ruhig werden und du [Clemens] auch, aber vor Tanzlust hört meine Seele nicht auf euch, und wenn der Tanz aus wär, dann wär's aus mit mir. Und was hab ich denn von allen, die sich witzig genug meinen, mich zu lenken und zu züglen? Sie reden von Dingen, die meine Seele nicht achtet, sie reden in den Wind.« (FK 64)

Bettines »Eigen-Sinn« (sie nennt ihn auch Eigenmacht) bezieht sich auf das im Leben zu entfaltende innerste Selbst und ist positiv als »innere *Unantastbarkeit*« (213), als wehrhafte Sensibilität für das Ureigenste zu verstehen. Auf dem schweren Weg zu sich selbst ist dem Menschen, so Bettines Überzeugung, die Stimme aus der tiefsten Seele als kluge Wegweiserin mitgegeben. »Und nie sollten mich Folgen kränken, schienen sie auch noch so herbe, wären sie diesem Vertrauen in die innere Stimme entsprungen« (G 423), denn erst in der Treue zum Ureigensten, das durch die innere Stimme spricht, kann das Leben gelingen.

Bettines *»Lebenseigenmacht«* (FK 70) läßt sich als Generalmobilmachung des Individuums gegen eine die Freiheit unter-

---

Das gelobe ich vor dir, daß ich nicht mich will züglen lassen, ich will auf das Etwas vertrauen, was so jubelt in mir, denn am End ist's nicht anders als das Gefühl der Eigenmacht, man nennt das eine schlechte Seite, die Eigenmacht. Es ist ja aber auch Eigenmacht, daß man lebt! (FK 64)

Über den Begriff der »Eigenmacht«

drückende Gesellschaft verstehen. Zugleich macht Bettine gegen eine nicht minder unterdrückende Form des christlichen Glaubens mobil und setzt ihr den Entwurf einer Religion entgegen, die dem Menschen »nicht im Weg ist«, sondern ihn zu sich selbst hin befreit.

»Ich soll doch mein eigen werden ..., denn sonst wär ich umsonst« (121), sagt Bettine, denn daß der Mensch zu sich selbst wird, gilt ihr als das, was Gott mit ihm will. »Selbstvertrauen ist Vertrauen auf Gott« (GB 392), kann sie daher sagen und – nur konsequent – den liebevoll-achtsamen Umgang mit sich selbst als gottgefälliges Werk fordern: »Sei fromm, d.h. liebe deine eigene Schönheit ... Beleidige deine Schönheit nie, weder durch Gebärde, noch durch Gedanken, nimmermehr durch Handlung. Sei mit dir selbst wie mit deiner Geliebten. Wer sich nicht liebt, ist sich verloren.« (Hö 79) Die konventionelle zeitgenössische Theologie, die arme Sünder und folglich brave Untertanen produziert, ruft unverkennbar in Bettine die theologische Querdenkerin auf den Plan.

»Lasse uns doch eine Religion stiften«, schlägt sie der Günderode vor, die »Schwebe-Religion« (G 181f.). Diese wird im kühnen Geistesflug ersonnen, denn Geist ist nur, »was frei schwebt, und was sich anlehnt, ist nicht Geist« (510). Entsprechend verfügt die Religionsstifterin, daß »keine Bildung« erlaubt sei. Anstatt sich nach Vorgabe fremdbestimmender Normen zu (ver-)bilden, soll jeder »neugierig sein auf sich selber und soll sich zutage fördern« (205), um sodann seine Anlagen frei zu entfalten: »Klemme nicht deine Flügel ein, fliege so hoch und so weit dich deine Flügel tragen, ihre Kraft zu proben ist nicht Sünde.« (G 426)

Die »Schwebe-Religion« ist eine Religion der offenen Arme. Mit offenen Armen läuft Bettine dem Heiligen Geist entgegen, der sie mit offenen Armen empfängt: »Ach, er macht kein We-

Wer der Stimme in seiner Brust folgt, der wird seine Bestimmung nicht verfehlen, dem wächst ein Baum aus der Seele, aus dem jede Tugend und jede Kraft blüht, und der die schönsten Eigenschaften wie köstliche Äpfel trägt, und Religion, die ihm nicht im Weg ist, sondern seiner Natur angemessen, wer aber dieser Stimme nicht horcht, der ist blind und taub und muß sich von andern hinführen lassen, wo ihre Vorurteile sie selbst hin verbannen.

GB 396

71 Bettine. Radierung von Ludwig Emil Grimm, 1809

sen von der Weisheit, von Gottesgelehrtheit, von Tugend, von Religion. – Ich bin ihm recht, wie ich bin.« (203) Als Religion der kindlichen Weisheit findet sie im Tanz ihr angemessenes Medium. »Und du staunst über die Weisheit, die ich dir vortanze« (GB 119), heißt es im ›Goethebuch‹ über die von Körper und Seele zum Ausdruck gebrachte Freude, Teil der schönen Schöpfung Gottes zu sein. Auch gilt es nicht die Tugendsprossen der Entsagung, sondern die »Himmelsleiter des Übermuts« (G 206) zu ersteigen, eine Leiter der Selbstbejahung, die ja – wer wüßte es nicht – auch erst einmal erklommen sein will. »Der ganze Mensch muß in sich einverstanden sein nämlich Herz und Kopf und Hand und Mund« (271), ist das Ziel der »Schwebe-Religion«, die aus Gottes Ja zum Menschen dessen Recht auf Selbstentfaltung, Lebensfreude und Freiheit ableitet.

Auch die »Schwebe-Religion« kennt die Sünde, nämlich die Untreue gegenüber dem innersten Selbst, so daß man »durch eigne Sünde … im Werden gestört« wird (407). »Nichts soll dich trennen von diesem göttlichen Selbst, alles, was eine Kluft zwischen dir und dem Genius bildet, ist Sünde« (GB 538), betont Bettine, deren theologisches Programm Ausdruck ihrer Lebenserfahrung ist: »Denn alles Schmerzgefühl … kommt doch nur daher, weil die gerade Bahn des Lebens gehemmt

Wer sich hingegen fügt, zahlt mit seiner Lebendigkeit – wie der vertrocknete, früh vergreiste Philister, der wie ein Toter schläft. Ein fast aussichtsloser Fall, wäre da nicht die Frau Rat, die Bettines Botschaft stets in der eher handfesten Variante vertritt. »Ja ich meine den Gott in uns, dem geb eine Ohrfeig oder einen Rippenstoß, daß er aufwacht in dir … steh Kerl! und guck deinem Schöpfer ins Angesicht.« (KB 108)

72 Altersbildnis. Gemälde von Johann Carl Anold, 1859

ist.« (G 246) Wo der Mensch nicht zu sich selbst kommen kann, machen sich Schmerz, Lähmung und abgrundtiefe Trauer über all das ungelebte Leben breit. Die »Schwebe-Religion« kennt keine Hölle, freilich weiß deren Stifterin, daß ein Sich-selbst-verfehlen nichts anderes ist als eine Art Hölle auf Erden.

»Flieg, und wenn der Menschengeist fliegen kann, so überfliegt er die Vorurteile.« (Gr 37) Wie an allen geistigen Flugkünsten schätzt Bettine auch am Traum, der Phantasie und der Sehnsucht das Widerstandspotential. Könnte dies oder das nicht ganz anders sein? Obgleich noch zarte Pflänzchen, bedrohen derlei sehnende Ahnungen den Ist-Zustand der Welt. Nur allzu gern würde sie daher eine herrschsüchtige Vernunft als irrationales Unkraut aus den Köpfen jäten. Wohl deshalb hat Ernst Bloch in seinem Werk ›Das Prinzip Hoffnung‹ die Kategorie des »Noch-Nicht-Bewußten« ersonnen. Er nennt sie auch »Dämmerung nach Vorwärts«, denn nicht Dunkel-Nebulöses ist gemeint, sondern das aus dem Dunkel hervorbrechende Licht: Mir dämmert's! – »Das Subjekt wittert keinen Kellergeruch, sondern Morgenluft.«

»Ein Noch-Nicht lebt überall«, sagt Bloch über die tausend Möglichkeiten, die zwar (noch!) nicht Wirklichkeit, aber doch in Traum, Sehnsucht und Phantasie in ahnender Vorform prä-

Eine ganz andere Art von Tanz nimmt Eichendorff an Bettine wahr – »den Veitstanz des freiheitstrunkenen Subjekts«. Im weiteren spielt er ihren auf seine alten Tage wieder »vernünftig« gewordenen, d. h. in den Schoß der Kirche zurückgekehrten Bruder Clemens gegen seine immer noch auf den frühromantischen Idealen beharrende Schwester aus, die »bis heute eigensinnig fort in ihrer Eigenmacht [jubelt]«.

sent sind. Man muß sie nur aus der Tiefe vorlassen und darf sodann nicht zulassen, daß der Sinn für das Mögliche vom sogenannten Realitätssinn betäubt wird. So lebt das »Noch-Nicht« vor allem dort, wo man ihm einen Platz im Leben einräumt, also nicht nur in Gedanken, sondern gerade auch in der aktiven Umsetzung. »Der lebende Morgen aber«, so Bloch, »ist nicht nur sehnend, sondern tätig dämmernd.«

Als exponierte Vertreterin des Prinzips Hoffnung vertraut Bettine zwar auf die subversive Kraft der geistigen Flugkünste, doch »meine Gedanken wollen nicht bloß ausgebrütet sein, sie wollen auch ... durchgesetzt sein!« (KB 98). So bedarf das eigenmächtige Denken der freien Schwebe, das eigenmächtige Sein jedoch der tätigen Anbindung ans Leben: »*Selbstdenken* ist der höchste Mut. ... Wer wagt, selbst zu denken, der wird auch selbst handeln, und wer nicht selbst denkt, nicht aufs freie, uferlose Meer steuert mit seinem Geist, der wird die Gottheit nicht selbst erreichen, nicht selbst handeln, denn sich nach andern richten, das ist nicht handeln, handeln ist *Selbstsein*, und das ist: *in Gott leben*.« (G 428) Selbstwerden ist für Bettine ohne Tätigwerden nicht denkbar.

»Zur Bildung der Welt sind wir berufen und der Beruf läßt sich immer realisieren« (KB 250), sagt die Frau Rat. »Alle Kraft ist man der Welt schuldig und dem, der uns am nächsten steht, am ersten« (G 340), sagt Bettine. Wieder einmal sind sich beide einig – auch darin, daß sie keine Ausrede gelten lassen, keinen Aufschub dulden. Hier und jetzt beginne man. Und wer Großes (noch!) nicht kann, fängt eben im (scheinbar) Kleinen an. Eigenmacht ist also nicht mit Eigensucht zu verwechseln, denn sie geht im Denken Bettines unmittelbar in Weltverantwortung über.

Man wird kaum anders können, als Bettines kühne Aufschwünge zu bewundern – ihre Kletter- und Tanzkünste, küh-

---

Auch das **innerste Selbst** trägt (wie die innere Stimme) im Werk Bettines unterschiedliche Namen. Es ist der Persönlichkeitskern, der innere Gott bzw. Genius oder das eingeborene Ideal, auf jeden Fall der Teil des Menschen, mit dem er unmittelbar Gott, dem Göttlichen bzw. dem Geist anhängt. In ihrer Betonung der Gottunmittelbarkeit des Menschen steht sie in der Tradition der Mystik. Freilich darf hier Mystik nicht mit Mystizismus (der Reduktion der Mystik auf wunderbare Phänomene) verwechselt werden. Die Verehrung Clemens Brentanos für Anna Katharina Emmerich und seinen Glauben an ihre Visionen lehnt Bettine vehement ab.

nen Geistesflüge und nicht zuletzt auch ihren Humor, als die zu allen Zeiten bewährte Strategie, sich nicht niederdrücken zu lassen. In bleierner Zeit strebt die Flugkünstlerin nach Loslösung vom Zeitgeist, um in der Schwebe bereit und offen für das Neue zu sein. Dann muß das, »was Traum war, mit der Wirklichkeit vermählt werden« (426), so Bettines tiefe und glaubhaft in die Praxis umgesetzte Überzeugung: »Denn wir bauen selbst den Himmel …, sonst kommt er nicht zur Welt.« (376)

Nicht weniger beeindruckend als ihre Sprungkraft ist daher die elegante Landung einer Tänzerin, die in sich die Lebendigkeit des Kindes mit der Klugheit der reifen Frau vereint. Also landet sie mit beiden Beinen mitten im Leben und somit auf dem Boden der politischen Tatsachen, die es zugunsten von Freiheit, Gerechtigkeit und Menschlichkeit zu verändern gilt.

Nur Mut!

»Wer Menschenfurcht hat, geht nach dem Schein und opfert den Keim, aus dem sein wahrer Teil entspringt, dem Schein« (A 663), sagt Bettine, denn die Furcht gilt ihr als eines der Haupteinfallstore der Fremdbestimmung. Furcht gaukelt die Unabänderlichkeit der Dinge vor. Furcht ist »Vorurteil, und alle Voruteile sind aus Furcht gebildet … Dazu gehören die sogenannten unübersteiglichen Hindernisse. Der Mensch kann das meiste erringen, was er unerreichbar glaubt, und nur die Furcht, die Lüge sind die Vorurteile, die ihm was weismachen.« (Hö 88) Also setzt Bettine alles daran, die sogenannten »unübersteiglichen Hindernisse« zu demontieren.

Aus Erfahrung wird man klug, heißt es. Daß man auch aus Erfahrung dumm werden kann, gibt hingegen Bettine zu be-

Es ist kein leerer schmeichelnder Wahn,
Erzeugt im Gehirne des Toren,
Im Herzen kündet es laut sich an:
Zu was Besserm sind wir geboren.
Und was die innere Stimme spricht,
Das täuscht die hoffende Seele nicht.

Schluß des Gedichts ›Hoffnung‹ von Friedrich Schiller

denken: »Ach, was nützt Erfahrung? Sie verführt nur dazu, daß die Leute mit Eigensinn an dem einmal Festgestellten hängen und durchaus sich nicht zugestehen, daß die Vernunft das Bessere oder das Wahre erfinde.« (FK 127) Erfahrung steht hier für Festgefahrenheit, die jede Möglichkeit von Gegenerfahrungen unterbindet. Alles Neue wird erstickt, so daß, wie Bettine prägnant formuliert, die Wahrheit erst einmal wieder neu erfunden werden muß.

Das Neue will also gewagt sein, selbst auf die Gefahr des Irrtums hin, der immer noch weniger zu fürchten ist als das dumpfe Verharren im tödlichen Immergleichen: »Ist Irren Irrtum? – kann's nicht bloß freies Wandeln sein? – Versuch, in einer urteilsüberschwingenden Sphäre sich zu bewegen? – ist Urteil nicht ein Schlachtmesser, mit dem wir die neugeborne Geistesfrucht im Leib des Irrtums töten?« (G 376)

Vor allem anderen aber gilt es, »nicht zurückzubeben vor dem, was wir groß achten, und wenn ihm auch an der Stirn geschrieben steht: *Unmöglich*, [das] rechtfertigt den Versuch!« (KB 82). Allemal beweist die Praxis, daß, was eben noch für unmöglich galt, plötzlich möglich wird. »Zaghaftigkeit vernichtet«, sagt Bettine, denn sie gibt kampflos die Möglichkeit an die Wirklichkeit preis. »Der Satz ›Es ist nun einmal so‹ ist mir das Scheuseligste, denn es kann gleich nicht mehr so sein für den, der es nicht will.« (B1, 275f.)

Selbst das Plänemachen stellt sie unter den Verdacht, daß es der falschen, d. h. anpassenden Vernunft ermöglicht, eine bessere Zukunft zu verbauen. Und tatsächlich hat ja das Planen seine Tücken, wie alle wissen, die schon einmal mit Bedacht eine Angelegenheit von rechts nach links und von links nach rechts gewendet haben: »Pläne werden leicht vereitelt, drum muß man keine machen. Das beste ist, sich zu allem bereit finden, was sich einem als das Würdigste zu tun darbietet.« (G 500)

Als Bettine die **englische Übersetzung des ›Goethebuchs‹** zugunsten verarmter Ungarn verkaufen will, entgegnet ihr Geschäftspartner Barthold, daß sich dies – wegen des geringen Ertrages – nicht lohne. Bettine antwortet ihm wie folgt: »Ich habe das Talent, Mittel und Wege zu finden für manches, was andre für unmöglich halten, aber grade nur dadurch, daß ich mich nicht von kleinlichen Rücksichten abhalten lasse auch für das Geringere mit derselben Energie zu handeln, als ob alles darauf ankäme, es durchzusetzen … Ich habe einmal für eine arme Maurerfrau zwanzig Mal mehr Mühe gehabt, Tag und Nacht an ihrem

Und so rüttelt Bettine alle Arten von Schlafmützen und Drükkebergern wach und nimmt den einzelnen in die Verantwortung für all das »Rechte [und] Große, was so oft unterbleibt aus Mangel an kühnem Mut« (423). Ja, selbst diejenigen, die in Richtung Altenteil zu desertieren suchen, ruft sie zum Kampf zurück: »Nein, das ist grobe Sünde, zu sagen: es ist zu spät; jeder Tag ist jung« (B2, 685). Wo Leben ist, da ist auch immer Hoffnung.

Bettine kämpft um eine bessere Zukunft. Wehrhafter Optimismus und tiefes Vertrauen auf die erneuernde Kraft des Lebens sind ihre stärksten Waffen, und das kluge Wissen darum, daß die erste Schlacht im Kopf geschlagen werden muß. Tausend Bedenken ziehen auf den Boden der »bleiernen Zeit« zurück, so daß man »darüber seine beflügelnde Verwandlung [versäumt]« (Dö 394). Angsthasen jedenfalls drücken sich in die Ecken des Altbekannten. Der frische Wind, der im Leben weht, streicht an ihnen vorbei. Dieser freilich hat, so Bettines Überzeugung, die Kraft, emporzutragen – über die unübersteigbaren Hindernisse, die der Zeitgeist in den Köpfen aufbaut, und auch über eigene, gerade noch für unabänderlich gehaltene Strukturen hinaus. Nur Mut! »Du verlierst nur, was du nicht wagst.« (G 510) Dies ist das an ihrem Leben erprobte Erfolgsrezept der wakkeren Bettine – »ein lachender Mut! ein unverzagtes Herz waren meine sicherste Schutzwehr« (A 661) –, die für sich und andere Schneisen der Freiheit in das Dikkicht all jener angeblichen Unmöglichkeiten schlägt.

73 Bettine von Arnim. Zeichnung von Wilhelm Hensel, 1819

Schicksal geflickt, als ich jetzt für ein Unternehmen wirken kann, was Sie freilich auch nur gering anschlagen. Es ist aber nichts gering, was Trost und Hilfe gewährt, und sei es auch nur Einem und sei es auch dem geringsten Aller, und sei es auch Einem, der es nach der Ansicht der Philister nicht verdient.« (5, 446f.)

Zeittafel

1785 Am 4. April wird B. in Frankfurt am Main im Haus zum Goldenen Kopf in der Sandgasse geboren.

1789 Beginn der Französischen Revolution.

1793 Die Mutter, Maximiliane Brentano, stirbt.

1794 B. kommt mit ihren Schwestern Gunda, Lulu und Meline zur Erziehung ins katholische Kloster Fritzlar bei Kassel.

1797 Tod des Vaters Peter Anton Brentano. B. siedelt mit ihren Schwestern zur Großmutter La Roche nach Offenbach über. B. lernt ihren Bruder Clemens kennen.

1800 B. lernt Clemens' Freund Friedrich Karl von Savigny kennen.

1801 Beginn des Briefwechsels mit Clemens.

1802 B. lernt Achim von Arnim kennen. Übersiedlung nach Frankfurt. Beginn der Freundschaft mit Karoline von Günderrode.

1804 Schwester Gunda heiratet den Rechtsgelehrten Friedrich Karl von Savigny.

1805 B. beteiligt sich an den Arbeiten zu ›Des Knaben Wunderhorn‹. Sie zieht zum Ehepaar Savigny nach Marburg.

1806 Beginn der Korrespondenz mit Achim von Arnim. Selbstmord der Günderode in Winkel am Rhein. Beginn der Freundschaft mit Goethes Mutter.

1807 Großmutter Sophie von la Roche stirbt. B. zieht mit ihrer Schwester Lulu und dem Schwager Jordis nach Kassel. Zwei Besuche B.s bei Goethe.
Juli: Friede zu Tilsit. Preußen verliert weite Gebiete. Beginn der Steinschen Reformen. Edikt zur Bauernbefreiung.

1808 Tod der Mutter Goethes (13. September). In der von Arnim herausgegebenen ›Zeitung für Einsiedler‹ erscheint B.s erste Veröffentlichung als anonymer Beitrag. B. reist mit den Savignys nach München und widmet sich Musikstudien. Sie begeistert sich für die Sache der Tiroler.

1809 B. übersiedelt nach Landshut und wird zum Mittelpunkt einer Gruppe junger Studenten, die sie verehren.
Österreichisch-Französischer Krieg. Erhebung der Tiroler.

1810 B. lernt in Wien Beethoven kennen. Drittes Treffen mit Goethe in Bad Teplitz. Übersiedlung mit den Savignys nach Berlin.
Hardenberg wird preußischer Staatskanzler, Fortsetzung der Reformen.

1811 Heirat mit Achim von Arnim. Aufenthalt bei Goethe. Aufgrund eines Streites zwischen B. und Goethes Frau Christiane bricht Goethe die Beziehung zu den Arnims ab.

1812 5. Mai: Geburt des ersten Sohnes Freimund.
Rußlandfeldzug Napoleons.

1813 2. Oktober Geburt Siegmunds. Arnim und Savigny beim Berliner Landsturm. Als einzige Frau aus dem Freundeskreis bleibt B. im bedrohten Berlin.
Beginn der antinapoleonischen Befreiungskriege. Nach der Völkerschlacht bei Leipzig (16.–19. Oktober) Rückzug Napoleons über den Rhein.

1814 B. und Achim übersiedeln auf das Gut Wiepersdorf bei Dahme in der Mark.
Abdankung Napoleons. Mit Ludwig XVIII. kehren die Bourbonen auf den Thron zurück. Im September Beginn des Wiener Kongresses.

1815 Am 9. Februar wird B.s dritter Sohn Friedmund geboren.
Rückkehr Napoleons von Elba, Schlacht bei Waterloo, endgültige Abdankung.

1817 B. zieht nach Berlin. Am 24. März Geburt des vierten Sohnes Kühnemund.
Wartburgfest der Deutschen Burschenschaften.

1818 Am 23. Oktober Geburt der Tochter Maximiliane. Clemens zieht sich nach Dülmen zurück und zeichnet die Visionen der Anna Katharina Emmerich auf.

1819 Karlsbader Beschlüsse: Verbot der Burschenschaften, Überwachung von Presse und Universitäten, Beginn der sog. »Demagogenverfolgung«.

1821 Am 4. März Geburt der zweiten Tochter Armgart. Auf der Rückreise von einem Familienbesuch in Frankfurt Besuch bei Goethe in Weimar, der sich abweisend verhält.

1822 B. beschäftigt sich mit Ölmalerei und Zeichnen. Beginn des enthusiastischen Briefwechsels mit Philipp Hößli.

1823 Beginn der Arbeit am Goethedenkmal.

1824 Öffentliche Ausstellung des Modells zum Goethedenkmal in Frankfurt. Der Denkmalausschuß entscheidet sich für einen Entwurf des Bildhauers Christian Daniel Rauch.

1825 Erste schwere Industriekrise.

1826 B. ist vom Freiheitskampf der Griechen (1821–1829) gegen das Osmanische Reich begeistert. Zeichnung, die zugunsten der Griechen verkauft wird.

1827 Am 30. August wird B.s letztes Kind, Gisela, geboren.

1829 Die beiden ältesten Töchter werden zu B.s Bruder Georg zur Erziehung nach Frankfurt gegeben.

1830 B. begegnet König Ludwig I. von Bayern, der ihre Zeichnung ›Oktoberfest‹ anläßlich des von ihm gestifteten Festes gutheißt. Pflegt in Frankfurt ihre typhuskranke Tochter Maximiliane. Ausbruch der Julirevolution in Paris (Sturz der Bourbonen).

1831 21. Januar Tod Arnims. Savigny wird Vormund der Kinder. B. organisiert Hilfsmaßnahmen anläßlich einer Choleraepidemie in Berlin.

1832 Beginn des Briefwechsels zwischen B. und Fürst Pückler-Muskau. Tod Goethes am 22. März. Hambacher Fest. Süddeutsche Demokraten fordern ein einiges und freies Deutschland.

1835 B.s Erstlingswerk ›Goethes Briefwechsel mit einem Kinde‹ erscheint. 24. Juni: Kühnemund ertrinkt bei einem Schwimmunfall.

1836 Aufnahme der Beziehung zu Emanuel Geibel und zu Philipp Nathusius, der ein Heft mit Aussprüchen B.s anlegt: ›Brosamen von Ambrosia, aus Gesprächen mit Bettina‹.

1837 Entlassung der »Göttinger Sieben«, für deren Berufung nach Berlin sich B. einsetzt. Im Auftrag B.s gibt Wilhelm Grimm die ersten Bände der ›Sämtlichen Werke‹ Arnims heraus.

1839 Freundschaft mit Julius Döring und Moritz Carriere sowie weiteren Mitgliedern aus dem Kreis der Berliner Junghegelianer.

1840 ›Die Günderode‹ erscheint. Fackelzug der Berliner Studenten zum Dank dafür, daß ihnen B. ihr Werk gewidmet hat. Regierungsantritt Friedrich Wilhelms IV. Anstellung der Brüder Grimm in Berlin.

1841 Bekanntschaft und Briefwechsel mit Kronprinz Karl von Württemberg. B. setzt sich für Generalmusikdirektor Gasparo Spontini ein.

1842 Am 24. Juli stirbt Clemens. Bekanntschaft B.s mit Karl Marx.

1843 B. veröffentlicht ›Dies Buch gehört dem König‹.

1844 Im Mai wird B.s ›Clemens Brentanos Frühlingskranz‹ beschlagnahmt, im Juni, nach B.s Intervention beim König, freigegeben. B. setzt sich beim König vergeblich gegen die Vollstreckung des Todesurteils am Königsattentäter Ludwig Tschech ein. Abbruch der Arbeit am ›Armenbuch‹. Hungeraufstand der Weber in Schlesien, der vom preußischen Militär niedergeschlagen wird.

1845 B. setzt sich beim König erfolglos für den verhafteten Fabrikanten Schloeffel ein.

1846 B. interveniert beim König erfolglos für den polnischen Revolutionär Mieroslawski.

1847 Am 20. August wird B. im Rahmen des Magistratsprozesses zu zwei Monaten Gefängnis verurteilt. Das Erscheinen ihres Werkes ›Ilius Pamphilius und die Ambrosia‹ wird von den Behörden verzögert.

1848 B. Augenzeugin der Revolution in Berlin, die sie begeistert begrüßt. B. setzt sich beim König für eine Regierung unter Leitung des liberal-konservativen Theodor von Schön ein Februarrevolution in Paris. März-Revolution in Berlin. Einberufung der Nationalversammlung in der Frankfurter Paulskirche.

1849 B. schreibt an den König, um den Revolutionär Kinkel vor der Hinrichtung zu retten. Briefwechsel mit dem Übersetzer des ungarischen Dichters Petöfi. B. veröffentlicht anonym die Polenbroschüre ›An die aufgelöste Preußische Nationalversammlung‹.

Niederschlagung des pfälzisch-badischen Aufstandes. Die Nationalversammlung wählt Friedrich Wilhelm IV. zum Erbkaiser, der dies ablehnt.

1850 B.s Hymne für den ungarischen Dichter und Freiheitskämpfer Petöfi ›Petöfi dem Sonnengott‹.

1851 B. arbeitet am Modell des Goethedenkmals weiter.

1852 B. veröffentlicht ihr letztes Werk, ›Gespräche mit Dämonen‹.

1853 B.s sämtliche Werke erscheinen in 11 Bänden.

1856 B. erleidet einen Schlaganfall.

1857 B. von August bis November zur Erholung in Teplitz. Friedrich Wilhelm IV. wird regierungsunfähig.

1859 Am 20. Januar stirbt B. dreiundsiebzigjährig in Berlin und wird in Wiepersdorf beigesetzt.

Bibliographie

Literatur Bettine

Die kurzgefaßte Literaturliste soll Anregungen für eine vertiefende Beschäftigung geben, wurde aber auch unter dem Aspekt der Allgemeinverständlichkeit zusammengestellt.

Werke Bettines

Zitate aus Quellen, die Bettines Werke in der zeitgenössischen Orthographie und Interpunktion (zuzüglich der Eigenwilligkeiten Bettines) übernehmen, sind an das moderne Deutsch angepaßt. Bettines Brief an ihren Sohn Freimund GL S. 76 wurde im Original belassen, um einen Eindruck der ursprünglichen Sprachgestalt zu vermitteln.

(A) Ilius Pamphilius und die Ambrosia, in: Bettina von Arnim, Werke und Briefe, Bd. 2, hg. v. Gustav Konrad, Frechen 1959, 409–708.

(A1 bzw. A2) Bettina von Arnim: Briefe der Freundschaft und Liebe, 2 Bde., hg. v. Otto Betz u. Veronika Straub, Frankfurt a. M. 1986.

(AM) Die Andacht zum Menschenbild. Unbekannte Briefe von Bettine Brentano, hg. von Wilhelm Schellberg, Jena 1942.

(Ar) Bettina von Arnims Armenbuch, hg. v. Werner Vordtriede, Frankfurt a. M. 1969.

(B1 bzw. B2) Achim und Bettina in ihren Briefen. Briefwechsel Achim von Arnim und Bettina Brentano, 2 Bde., hg. v. Werner Vordtriede, Frankfurt a. M. 1961.

(D) Gespräche mit Dämonen. Des Königsbuches zweiter Band in Bettina von Arnim, Werke und Briefe Bd. 3, hg v. Gustav Konrad, Frechen 1963, 255ff.

(Dö) Werner Vordtriede: Bettina von Arnims Briefe an Julius Döring, in: Jahrbuch des Freien Deutschen Hochstifts 1963, Tübingen, 341–488.

(FK) Bettine von Arnim: Clemens Brentanos Frühlingskranz, aus Jugendbriefen ihm geflochten, wie er selbst schriftlich verlangte, hg. v. Hartwig Schultz, Frankfurt a. M. 1985.

(Fr) Du bist mir Vater, Bruder und Sohn. Bettine von Arnims Briefwechsel mit ihrem Sohn Freimund, hg. v. Wolfgang Bunzel und Ulrike Landfester, o. O., 1999.

(G) Bettine von Arnim: Die Günderode. Mit einem Essay von Christa Wolf, Frankfurt a. M. 1992.

(GB) Bettine von Arnim: Goethes Briefwechsel mit einem Kinde, hg. v. Wilhelm Oehlke, Frankfurt a. M. 1997.

(Gr) Der Briefwechsel Bettine von Arnims mit den Brüdern Grimm 1838–1841, hg. v. Hartwig Schultz, Frankfurt a. M. 1985.

(Hö) Ist Dir bang vor meiner Liebe? Briefe an Philipp Hößli, nebst Gegenbriefen und Tagebuchnotizen, hg. v. Kurt Wanner, Frankfurt a. M. 1996.

(KB) Dies Buch gehört dem König; in: Bettine von Arnim, Werke und Briefe in 4 Bdn., hg. v. Walter Schmitz und Sibylle von Steinsdorff, Bd. 3, Politische Schriften, Frankfurt a. M. 1995.

(MP) Sibylle von Steinsdorf: Der Briefwechsel zwischen Bettine Brentano und Max Prokop von Freyberg, Berlin, New York 1997.

(M) Der Magistratsprozeß der Bettina von Arnim, hg. v. Gertrud Meyer-Hepner, Weimar 1960.

(PS) Karl Obser: Bettine von Arnim und ihr Briefwechsel mit Pauline Steinhäuser, Neue Heidelberger Jahrbücher XII, Heidelberg 1903, 85–137.

Gesamtausgaben

Werke und Briefe, Bd. 1–4, hg. von Gustav Konrad, Bd. 5, hg. v. Joachim Müller, Frechen 1959–1963. *Verschiedene Briefe B.s werden unter der Bandangabe (5) zitiert.*

Werke und Briefe in drei Bänden, hg. v. Walter Schmitz und Sibylle von Steinsdorff (Bibliothek deutscher Klassiker), Frankfurt a. M. 1986ff. *Aus dem Anhang wird mit der Bandangabe (I, II, III) zitiert.*

Des weiteren wird Bettine aus Perels (Kat), Bäumer (Bä), Böttiger (Bö) sowie Püschel (Pü), vgl. Abschnitt Sammelbände und Monographien, zitiert. Die Briefe der Günderode (BG) entstammen dem Band: Ich sende Dir ein zärtliches Band, hg. v. Birgit Weißenborn, Frankfurt a. M. 1992.

Weitere Ausgaben

»... und mehr als einmal nachts im Thiergarten«. Bettina v. Arnim und Heinrich Bernhard Oppenheim, Briefe 1841–1849, hg. v. Ursula Püschel, Berlin 1990.

Lieber Kronprinz! Liebe Freundin! Briefwechsel zwischen Bettine von Arnim und Karl von Württemberg. Mit einem Anhang: Briefwechsel zwischen Bettine von Arnim und Julius von Hardegg, hg. v. Ulrike Landfester u. Friderike Loss, Heidelberg 1998.

Zu den in zahlreichen Einzelveröffentlichungen zugänglichen Briefen und Lebenszeugnissen vgl. Bä 173ff.

Varnhagen von Ense berichtet in seinem Tagebuch (19. Februar 1842) davon, daß ihm Bettine Passagen aus dem gerade entstehenden Königsbuch vorgelesen habe. Er zeigt sich tief beeindruckt, fügt allerdings hinzu: »Der vorgelesene Abschnitt hatte in der Mitte und gegen den Schluß doch wieder den Grund- und Erbfehler aller Arnim-Brentanoschen Sachen, Auswüchse und Weitschweifigkeiten, Mangel an Ebenmaß und Überfülle.«

Überfülle läßt sich freilich auch als Reichtum deuten und Bettines Werk somit als Schatzkammer verstehen, in der man immer wieder fündig wird. Im übrigen gehört Bettines Stil zu ihren Flugkünsten, die allemal den Zweck haben, im freien Flug (der Assoziationen) oder im (Gedanken-)Sprung Zwängen zu entgehen und das Neue denk- und schreibbar zu machen. Auch läßt Bettines Stil deutlich seine Herkunft aus dem gesprochenen Wort (»Sie spricht womöglich noch schöner, als sie schreibt«, so 1839 Moritz Veit) erkennen. Dennoch: ganz Unrecht hat Varnhagen von Ense nicht. Somit kann es – gerade für heutige Leser – sinnvoll sein, sich der Autorin erst einmal in einer Textauswahl zu nähern, z. B. Bettina von Arnim: Ein Lesebuch, hg. v. Christa Bürger, Stuttgart 1996. *Biographische Sequenzen stellt* Dieter Kühn (Bettine von Arnim: Aus meinem Leben, Frankfurt a. M. 1982) *zusammen. Eine kundige Auswahl der theologischen Reflexionen findet sich in dem Band:* Bettina von Arnim, ›Meine Seele ist eine leidenschaftliche Tänzerin‹, hg. v. Otto Betz, Freiburg i. Br. 1983.

Ansonsten bieten sich die Hauptwerke zur Lektüre an: der Frühlingskranz, das Goethebuch (besonders der dritte Teil: Tagebuch) und natürlich – mein persönlicher Favorit – die Günderode.

Sammelbände

Bettine von Arnim: Romantik und Sozialismus (1831–1859). Schriften aus dem Karl Marx Haus Trier 35, Trier 1987. *Wichtiger Sammelband zum Verständnis der politischen Bettine. Hier der Aufsatz von* Heinz Härtl (Bettine von Arnim. Romantikerin und Demokratin), *auf den ich auf S. 136 Bezug genommen habe.*

»Der Geist muß Freiheit genießen ...!« Studien zu Werk und Bildungsprogramm Bettine von Arnims, hg. v. Walter Schmitz und Sibylle von Steinsdorff, Bettina von Arnim-Studien Bd. 2, Berlin 1989. *Aufsatzsammlung.*

»Die Erfahrung anderer Länder«. Beiträge eines Wiepersdorfer Kolloquiums zu Achim und Bettina von Arnim, hg. v. Heinz Härtl und Hartwig Schultz, Berlin, New York 1994. *Hier findet sich auch der zitierte Aufsatz von* Peter Anton von Arnim: Bettina und der Berliner Magistrat.

Herzhaft in die Dornen der Zeit greifen. Bettine von Arnim 1785–1859, hg. v. Christoph Perels, Katalog der Ausstellung 1985 des Freien Deutschen Hochstifts – Frankfurter Goethe-Museum (Kat).

Internationales Jahrbuch der Bettina-von-Arnim-Gesellschaft Bd. 8/9, hg. v. Uwe Lemm und Walter Schmitz, Festschrift für Ursula Püschel, Berlin 1996/1997. *Aufsatzsammlung. Dieses Jahrbuch (Fundgrube für Aufsätze zu*

Einzelfragen) wird seit 1987 herausgegeben.

Püschel, Ursula: »... Wider die Philister und die bleierne Zeit«. Untersuchungen, Essays, Aufsätze über Bettina von Arnim, Berlin 1996. *Materialreiche Aufsatzsammlung* (Pü).

Salons der Romantik, hg. v. Hartwig Schultz. Beiträge eines Wiepersdorfer Kolloquiums zur Theorie und Geschichte des Salons, Berlin, New York 1997. *Aufsatzsammlung.*

Monographien und Aufsätze

Bäumer, Konstanze u. Hartwig Schultz: Bettina von Arnim (Realien zur Literatur), Stuttgart 1995. *Materialreiche Orientierungshilfe.* (Bä)

Böttger, Fritz: Bettina von Arnim. Ihr Leben, ihre Begegnungen, ihre Zeit, Bern 1990. *Lesenswerte Gesamtdarstellung* (Bö).

Craig, Gordon A.: Romantik und Realität. Bettina von Arnim und Bismarck, in: ders.: Das Ende Preußens, München 1985.

Dischner, Gisela: Bettina von Arnim. Eine weibliche Sozialbiographie aus dem 19. Jahrhundert, Berlin 1977.

Drewitz, Ingeborg: Bettina von Arnim. Romantik – Revolution – Utopie, Düsseldorf 1969.

Gajek, Bernhard: Bettina von Arnim. Von der Romantik zur sozialen Revolution, in: Die Liebe soll auferstehen. Die Frau im Spiegel romantischen Denkens, hg. v. Wolfgang Böhme, Karslruhe 1985.

Hirsch, Helmut: Bettine von Arnim, Reinbek 1995.

Keul, Hildegunde: Menschwerden durch Berührung. Bettina Brentano-Arnim als Wegbereiterin für eine feministische Theologie, Frankfurt a. M. 1993. *Erschließt die theologischen Qualitäten B.s und besitzt zudem den für eine Dissertation außergewöhnlichen Vorzug einer guten Lesbarkeit.*

Konrad, Gustav: Bettine von Arnim, in: Benno von Wiese (Hg.): Deutsche Dichter der Romantik. Ihr Leben und Werk, Berlin 1971.

Landfester, Ulrike: Selbstsorge als Staatskunst. Bettine von Arnims politisches Werk, München 1998. *Habilitationsschrift.*

Schormann, Sabine: Bettine von Arnim. Die Bedeutung Schleiermachers für ihr Leben und Werk, Tübingen 1993. *Enthält im Anhang eine Textdokumentation zu Schleiermacher.*

Wolf, Christa: Nun ja, das nächste Leben geht ab heute an. Ein Brief über die Bettine. *Als Anhang zur Günderode (vgl. G). Grundlegender, mit Gewinn zu lesender Aufsatz.*

Wyss, Hilde: Bettina von Arnims Stellung zwischen Romantik und Jungem Deutschland. Bern, Leipzig 1935. *Enthält einen Anhang mit Briefen B.s an Schleiermacher.*

Romantik

Bürger, Christa: Leben Schreiben. Die Klassik, die Romantik und der Ort der Frauen, Stuttgart 1990.

Dischner, Gisela und R. Faber: Romantische Utopie – Utopische Romantik, Hildesheim 1979.

Kluckhohn, Paul: Das Ideengut der deutschen Romantik, Tübingen 1966.

Marcuse, Ludwig: Reaktionäre und Progressive Romantik, in: Begriffsbestimmung der Romantik, hg. v. Helmut Prang, Darmstadt 1968.

Pikulik, Lothar: Frühromantik. Epoche – Werke – Wirkung, München 1992.

Ders.: Romantik als Ungenügen an der Normalität. Am Beispiel Tiecks, Hoffmanns, Eichendorffs, Frankfurt 1979.

Schanze, Helmut (Hg.): Romantik-Handbuch, Tübingen 1994. *Aufsatzsammlung und umfassendes Nachschlagewerk.*

Schulz, Gerhard: Romantik. Geschichte und Begriff, München 1996.

Susman, Margarete: Frauen in der Romantik, Frankfurt a. M. 1996. *Neuauflage eines Werkes von 1931, das nicht nur wegen des kundig-sensiblen Aufsatzes zu Bettine empfehlenswert ist.*

Zeitgeschichte

Arnsberg, Paul: Die Geschichte der Frankfurter Juden seit der Französischen Revolution, 3 Bde., Darmstadt 1983.

Blasius, Dirk: Friedrich Wilhelm IV. 1795–1861. Psychopathologie und Geschichte, Göttingen 1992.

Bußmann, Walter: Zwischen Preußen und Deutschland, Friedrich Wilhelm IV. Eine Biographie, Berlin 1990.

Frevert, Ute: Frauen-Geschichte. Zwischen Bürgerlicher Verbesserung und Neuer Weiblichkeit, Frankfurt a. M. 1997.

Geist, Johann Friedrich; Kürvers, Klaus (Hg.): Das Berliner Mietshaus 1740–

1862, Bd. 1. München 1980. *Hierin auch der Bericht über das Zellengefängnis Berlin Moabit.*
Holeczek, Heinz: Die Judenemanzipation in Preußen, in: Die Juden als Minderheit in der Geschichte, hg. v. Bernd Martin und Ernst Schulin, München 1981.
Krol, Lothar: Friedrich Wilhelm IV. und die romantische Staatsauffassung, Berlin 1990.
Pöls, Werner (Hg.): Deutsche Sozialgeschichte 1815–1870. Dokumente und Skizzen, München 1979.
Rürup, Reinhard: Deutschland im 19. Jahrhundert, 1815–1817, in: Deutsche Geschichte, Bd. 8, Göttingen 1984.

Kurzbiographien

Adorno, Theodor W. (1903–1969): Soziologe, Philosoph, Musiktheoretiker, Komponist. Mit Max Horkheimer Begründer der »Kritischen Theorie«.
Arnim, Achim von (1781–1831): Schriftsteller und Publizist, Sohn eines preußischen Gesandten. Da seine Mutter bei der Geburt stirbt, übernimmt die Großmutter, Caroline von Labes, die Erziehung. In Halle und Göttingen Studium der Naturwissenschaften und Rechte. Lebenslange Freundschaft mit Clemens Brentano. Gemeinsame Herausgabe der dreibändigen Sammlung alter Volkslieder ›Des Knaben Wunderhorn‹ (1806–1808), an der auch Bettine mitarbeitet. 1833 nimmt er als Hauptmann am Krieg gegen Napoleon teil und arbeitet als politischer Redakteur des ›Preußischen Korrespondenten‹. Nach 1814 lebt er bis zu seinem unerwarteten Tod 1831 als Landwirt und Schriftsteller auf seinem Landgut in Wiepersdorf.
Arnim-Boitzenburg, Adolf Heinrich Graf (1831–1868): Preußischer Innenminister (1842–1845).
Baader, Franz von (1765–1841): Philosoph. Studium des Berg- und Hüttenwesens, 1826 Honorarprofessor für Religions- und Sozialphilosophie in München. Eine Zentralgestalt der Münchner Romantik.
Baier, Rudolf (1818–1907): Volkskundler. Einer der Studenten um B. und Mitarbeiter an der Neufassung des ›Wunderhorn‹.
Bauer, Bruno (1809–1882): Evangelischer Theologe, Schüler Hegels, radikaler junghegelianischer Religionskritiker. Wird im März 1842 vom preußischen Kultusminister seiner Dozentur enthoben. B. lernt Bauer 1841 kennen. Der rege geistige Austausch mit ihm hinterläßt vor allem in der Religionskritik des ›Königsbuches‹ Spuren.
Beethoven, Ludwig van (1770–1827): Komponist. B. lernt ihn in Wien kennen und vermittelt den Kontakt zu Goethe.
Bihler, Alois (1788–1857): Jurist. Einer der Studenten, die B. in Landshut kennenlernt.
Bloch, Ernst (1885–1977): Philosoph. 1933–1948 im Exil, dann Professor in Leipzig. Wegen politischer Divergenzen übersiedelt er 1961 von der DDR in die BRD und wird Professor in Tübingen. Sein zentrales Werk ist ›Das Prinzip Hoffnung‹ (3 Bde., 1954–1959).
Börne, Ludwig (1786–1837): Autor des ›Jungen Deutschland‹. Nach seiner Übersiedlung ins Pariser Exil (1830) geistiger Mittelpunkt von politischen Flüchtlingen aus Deutschland.
Brentano, Clemens (1778–1842): Lyriker, Erzähler, Dramatiker. Bruder B.s. Kontakte zu Wieland, Herder, Goethe, Savigny, den Brüdern Schlegel, Fichte und Tieck. Nach der Begeisterung für die frühromantischen Ideale in der Jugend kehrt er zu einem konservativen Katholizismus zurück.
Brentano, Franz (1765–1844): Stiefbruder und Vormund B.s.
Brentano, Gunda (Kunigunde), (1780–1863): Schwester B.s. Ab 1804 mit Savigny verheiratet.
Brentano, Lulu (Ludovica), (1787– 1854): Schwester B.s, ab 1805 mit Jordis verheiratet.
Brentano, Maximiliane, geb. von La Roche (1756–1793): Mutter B.s.
Brentano, Meline (Magdalena) (1788–1861): Schwester B.s.
Brentano, Peter Anton (1735–1797): Vater.
Brentano, Sophie (1776–1800): Schwester B.s.
Brentano, Toni (Antonia) (1780–1869): Mit Franz verheiratete Schwägerin B.s.

Carrière, Moritz (1817–1895): Studiert während der dreißiger Jahre in Berlin, wo er B. kennenlernt. Wird von der Universität als Hegelianer abgewiesen. 1853 Anstellung in München. Einer der Studenten, die B. umgeben. Ist für sie publizistisch aktiv.
Creuzer, Georg Friedrich (1771–1858): Philologe und Altertumsforscher. Ab 1804 Professor für klassische Philologie und Alte Geschichte in Heidelberg. Unglückliche Liebschaft mit der Dichterin Karoline von Günderode.
Daub, Carl (1765–1836): Theologieprofessor in Heidelberg, Freund Creuzers.
Döring, Julius: B. lernt den 1817 geborenen Jurastudenten 1839 kennen. Ausgedehnter Briefwechsel. ›Ilius Pamphilius‹ sollte ursprünglich auch den Briefwechsel mit Döring enthalten.
Dronke, Ernst (1822–1891): Kritischer Publizist des Vormärz. 1848 Abschiebung nach Frankreich, dann Exil in England.
Eichendorff, Joseph Karl Benedikt, Freiherr von (1788-1857): Romantischer Lyriker und Erzähler, Dramatiker und Publizist. Teilnahme an den Befreiungskriegen, Beamtenlaufbahn in preußischem Dienst.
Emmerich, Anna Katharina (1774–1824): Augustinernonne in Dülmen. Stigmatisierte Visionärin, deren Schauungen Clemens Brentano aufzeichnet.
Frei(y)berg, Max Prokop Freiherr von (1789–1851): Geschichtsforscher, seit 1835 Vorsitzender der Bayerischen Akademie der Wissenschaften. B. lernt ihn im Haus der Savignys in München kennen. Ausgedehnter schwärmerischer Briefwechsel.
Friedrich Wilhelm III. (1770–1840): Preußischer König ab 1797. Stimmt während der Befreiungskriege in die nationale Begeisterung ein. Verfassungsversprechen, das nicht eingelöst wird. Nach 1815 restaurative Politik.
Friedrich Wilhelm IV. (1795–1861): Preußischer König ab 1840, Anhänger der mittelalterlichen Reichsidee und des Gottesgnadentums. Politik der Konstitutionsvermeidung, scheinbares Einlenken 1848, Ablehnung der von der Frankfurter Nationalversammlung angetragenen Kaiserkrone. Seit 1857 geisteskrank, so daß sein Bruder Wilhelm (I.) die Regentschaft übernimmt.
Geibel, Emanuel (1815–1884): Dichter. Salongast und Verehrer B.s.
Görres, Johann Joseph (1776–1848): Schriftsteller, Publizist, Gelehrter. Muß 1819 wegen seiner liberalen Haltung aus Deutschland fliehen.
Goethe, Catharina Elisabeth, geb. Textor, Frau Aja bzw. Frau Rat (1731–1808): Heiratet 1748 den Doktor der Rechte und Kaiserlichen Rat Johann Caspar Goethe. Mutter Johann Wolfgang Goethes und Cornelia Schlossers, geb. Goethe.
Goethe, Christiane von, geb. Vulpius (1765–1816). Frau Goethes.
Goethe, Johann Wolfgang von (1749–1832): Dichter, Universalgelehrter. Ab 1776 in Weimar, 1779 Ernennung zum Geheimen Rat (Minister). 1782 Ernennung zum Kammerpräsidenten (Finanzminister) und Erhebung in den erblichen Adelsstand. Nach Sturm-und-Drang-Periode intensive Beschäftigung mit der Antike (Klassik). 1806 Heirat mit Christiane Vulpius.
Grabbe, Christian Dietrich (1801–1836): Dichter des Vormärz.
Grimm, Jacob (1785–1863): Begründer der modernen Germanistik. U. a. Professor für Altertumsforschung und Bibliothekar in Göttingen. 1837 Amtsenthebung und Landesverweisung nach Teilnahme am Protest der »Göttinger Sieben«. 1840 Berufung als Professor nach Berlin. 1846 und 1847 Präsident der Germanistentage in Frankfurt und Lübeck. 1848 Abgeordneter in der Paulskirche.
Grimm, Wilhelm Karl (1786–1859): Philologe, Sagenforscher, Sammler und Bearbeiter von Märchen. Wird wie sein Bruder Jacob als Professor in Göttingen 1837 seines Amtes enthoben.
Grunholzer, Heinrich (1819–1873): Schweizer Pädagoge. Studiert ab 1842 in Berlin. B. lernt ihn 1843 bei den Grimms kennen. Verfaßt den Anhang zur Armenkolonie im Vogtland für B.s ›Königsbuch‹.
Günderode, Karoline (Friederike Louise Maximiliane, Pseudonyme: Tian, Ion, 1780–1806), Dichterin, 1797–1799 Stiftsdame in Frankfurt, intensive Kontakte zur Jenaer Frühromantik, seit 1804 unglückliche Liebesbeziehung zu F. Creuzer; Selbstmord.
Gutzkow, Karl (1811–1878), Vertreter des Jungen Deutschland. Nach dem Studium der Theologie Schriftsteller. Wird wegen seines Romans ›Wally‹ (1835) zu einem Monat Gefängnis verurteilt, das Buch von der Zensur verboten.
Haller, Karl Ludwig (1768–1854), Staatstheoretiker und Publizist. Verläßt die unter französischer Okkupation prokla-

mierte »Helvetische Republik« (1798) und bekämpft das neue revolutionäre System. Konversion zum Katholizismus.

Hardenberg, Karl August Reichsfreiherr, seit 1814 Fürst von (1750–1822): preußischer Politiker. Seit 1791 im preußischen Dienst als Minister. Setzt nach Entlassung des Freiherrn vom Stein dessen Reform des preußischen Staats fort.

Hassenpflug, Ludwig Daniel (1794–1862): Kurhessischer Minister, seit 1822 Ehemann von Lotte, der Schwester der Brüder Grimm.

Hegel, Georg Wilhelm Friedrich (1770–1831): Philosoph. Januar 1818 Berufung nach Berlin als Nachfolger Fichtes, 1829 Rektor der Universität Berlin.

Heine, Heinrich (1797–1856): Lyriker, Dramatiker, Erzähler und kritischer Publizist. Ab 1831 in Paris. 1835 werden seine Schriften zusammen mit denen des Jungen Deutschland verboten. In Paris Verkehr mit deutschen Emigranten (u. a. Karl Marx). Stirbt nach langwierigem Rückenmarksleiden in Paris.

Herder, Johann Gottfried (1744–1803): Schriftsteller, Philologe, Theologe.

Hölderlin, Johann Christian Friedrich (1770–1843): Lyriker, Dramatiker, Romanautor, Übersetzer, Philosoph. Anstellungen als Hauslehrer. Pläne, als freier Schriftsteller zu leben, scheitern. Zunehmende geistige Zerrüttung, 1806–1807 in Tübinger Heilanstalt. Lebt bis zu seinem Tod bei einer Tübinger Handwerkerfamilie in geistiger Umnachtung.

Hößli, Philipp (1800–1854): Schweizer Jurist. B. lernt ihn 1821 kennen. Ausgedehnter Briefwechsel.

Hoffmann, Ernst Theodor Amadeus (1776–1882): Erzähler, Komponist, Musikkritiker und -theoretiker, Maler und Karikaturist, Jurist. Anstellung u. a. als Kapellmeister, 1816 preußischer Kammergerichtsrat. 1822 Beschlagnahme des Manuskripts ›Meister Floh‹ durch die Berliner Polizeidirektion wegen Beamtenverleumdung und Majestätsbeleidigung.

Hoffmann von Fallersleben, August Heinrich (1798–1974): Lyriker, Übersetzer, Germanist. Ab 1830 Professor für deutsche Sprache und Literatur in Breslau. 1842 Entlassung aus politischen Gründen sowie Ausweisung. Wechselnde Wohnorte in West- und Norddeutschland. Er steht unter Polizeiaufsicht, ist ständig von der Ausweisung bedroht.

Humboldt, Alexander von (1769–1859): Naturforscher, Geograph.

Humboldt, Wilhelm von (1767–1835): Gelehrter, Sprachforscher und Politiker. 1802–1808 preußischer Ministerpräsident. Konzipiert Berliner Universität.

Jacobi, Friedrich Heinrich (1743–1819): Philosoph. 1807–1812 Präsident der bayerischen Akademie der Wissenschaften.

Jordis, Johann Karl († 1839): Kurhessischer Legationsrat, Bankier in Frankfurt. Heirat mit B.s Schwester Lulu.

Julius, Nikolaus Heinrich (1783–1862): Armendistriktarzt in Hamburg. Nach einer Studienreise auf die britschen Inseln ›Vorlesungen über die Gefängniskunde‹ in Berlin (1827), die auch B. hört.

Karl (Friedrich Alexander) von Württemberg (1823–1891): Kronprinz, mit dem B. bis 1844 korrespondiert (›Lieber Kronprinz! Liebe Freundin!‹, hg. v. Ulrike Landfester 1998). 1864 folgt er seinem Vater auf den Thron von Württemberg nach.

Kinkel, Gottfried (1815–1882): Lyriker, Erzähler, Essayist und Politiker. Ab 1846 Professor für Kunst- und Literaturgeschichte. 1848 politischer Publizist in der von ihm herausgegebenen demokratischen ›Bonner Zeitung‹. Teilnahme am badisch-pfälzischen Aufstand. Verurteilung zu lebenslanger Haft. Nach seiner Flucht aus dem Zuchthaus Spandau (1850) Emigration nach London.

Kinkel, Johanna (1810–1856): Künstlerin, Schriftstellerin, Frau von Gottfried Kinkel, die von B. beim Kampf für ihren Mann unterstützt wird.

Kühne, Gustav (1806–1888): Schrifsteller und Publizist.

La Roche, Sophie von, geb. Gutermann von Bibern (1731–1807): Jugendfreundin Wielands, Heirat mit dem kurtrierischen Kanzler Georg Michael von La Roche. Autorin der 1771 erschienenen ›Geschichte des Fräuleins von Sternheim‹.

Labes, Caroline Marianne Elisabeth von (um 1730–1810): Großmutter Achims von Arnim.

Lenau, Nikolaus (1802–1850): Dichter des Biedermeier.

Luxemburg, Rosa (1871–1919): Politikerin, Revolutionärin. 1893 Mitbegründerin der polnischen sozialdemokratischen Arbeiterpartei; 1918 Mitbegründerin der KPD. Am 15. Januar 1919 von Freikorpsoffizieren in Berlin ermordet.

Marx, Karl (1818–1883): Philosoph, Revolutionär, Begründer des Marxismus.

Exil in Paris und Brüssel. 1848 erscheint das ›Kommunistische Manifest‹. Rückkehr nach Deutschland. Ab 1849 Exil in London. Wahrscheinlich hat B. ihn in Kreuznach (1842) getroffen.

Mettingh, Lisette (Elisabeth) von (1783–1857): Freundin der Karoline von Günderode.

Mieroslawski, Ludwig (1813/1814–1873): Teilnahme am Warschauer Aufstand 1830/1831, Emigration nach Frankreich. 1846 tritt er an die Spitze eines geplanten Aufstands in Polen, wird verhaftet und 1847 in Berlin abgeurteilt. Nach seiner Befreiung im Rahmen der Märzrevolution erneutes revolutionäres Wirken in Polen, dann wiederum französisches Exil, wo er stirbt.

Möhn, Luise von, geb. von La Roche (1759–1832): In erster Ehe mit Hofrat Christian von Möhn verheiratet. Tante B.s.

Müller, Friedrich von (1779–1849): Kanzler in Weimar seit 1815; Vertrauter Goethes.

Mundt, Theodor (1808–1861): Schriftsteller, Herausgeber von Zeitschriften. Einer der Führer des Jungen Deutschland.

Napoleon (1769–1821), aus der korsischen Familie Bonaparte, Kaiser der Franzosen (1804–1814/1815). Am 18./19. Brumaire VIII (9./10. November 1799) Sturz des Direktoriums, erster Konsul, dann Kaiser durch Selbstkrönung. Ab 1803 Napoleonische Kriege, in deren Folge die alte Feudalordnung Europas zerstört wird. Ab 1807 erheben sich die europäischen Völker gegen die Fremdherrschaft. Am 31. März 1814 wird N. zur Abdankung gezwungen, endgültige Niederlage bei Waterloo am 18. Juni 1815, sodann Verbannung auf Sankt Helena.

Nathusius, Philipp (1815–1872): Sohn eines Großindustriellen und jugendlicher Verehrer B.s. Später Publizist der »Kreuzzeitung« und des kirchlich konservativen ›Volksblattes für Stadt und Land‹. Der Briefwechsel mit N. liegt B.s Werk ›Ilius Pamphilius‹ zugrunde.

Novalis (eigtl. Friedrich Freiherr von Hardenberg, 1772–1801): Lyriker, Philosoph, Romanautor, Essayist. Philosophie- und Jurastudium, Bergbaustudium, Salinenassessor. Enge Kontakte zu den Brüdern Schlegel und Tieck.

Petöfi, Sandor Alexander (1823–1849): Ungarischer Dichter und Freiheitsheld. Wird von den österreichischen Machthabern steckbrieflich gesucht. Wohl im Kampf gegen die Russen getötet.

Pückler-Muskau, Hermann Fürst (1785–1871): Schriftsteller, Parkgestalter, Lebemann und »Virtuose der eleganten Liederlichkeit« (Treitschke). B. lernt ihn 1832 im Salon Varnhagen kennen. Ausgedehnter Briefwechsel bis 1835. Teile des Briefwechsels sind im Goethebuch verarbeitet, das B. ihm zugeeignet hat.

Ranke, Leopold (1795–1886): Historiker, seit 1825 Professor in Berlin.

Sailer, Johann Michael (1751–1832): Katholischer Theologe, Pädagoge. Professor für Theologie, ab 1829 Bischof von Regensburg.

Savigny, Friedrich Carl von (1779–1861): Jurist, Professor in Marburg, Landshut und Berlin. Studienfreund Clemens Brentanos. 1804 Eheschließung mit B.s Schwester Gunda. Enger Vertrauter der Familie, der nach Achims Tod zum Vormund der Kinder wird. Ab 1817 geheimer Justizrat und Mitglied des preußischen Staatsrats. Aufgrund seines opportunistischen Verhaltens in der Angelegenheit der Brüder Grimm überwirft sich B. mit ihm. 1842–1848 wird S. Minister für Gesetzgebungsrevision.

Schelling, Friedrich Wilhelm Josef (1775–1854): Philosoph. Auf Goethes Fürsprache Professor in Jena, wo er in regem Austausch mit der romantischen Schule (Brüder Schlegel, Novalis, Tieck) steht. Berufung an die Universität München, 1841 an die Berliner Universität.

Schlegel, August Wilhelm von (1767–1845): Philologe, Übersetzer, Literaturkritiker, Lyriker und Dramatiker. Professor für Philologie. Ab 1818 Professor für Kunst- und Literaturgeschichte, orientalistische Studien (Sanskrit).

Schlegel, Karl Wilhelm Friedrich von (1772-1829): Philologe, Übersetzer, Philosoph, Literaturkritiker, Erzähler. Diplomatische und publizistische Teilnahme am Wiener Kongreß. Kaiserlicher Legationsrat der österreichischen Gesandtschaft beim Deutschen Bundestag in Frankfurt.

Schleiermacher, Friedrich (1768–1834): Philosoph und evangelischer Theologe. Konfirmator der Arnimschen Kinder. An der Reform des preußischen Schulwesens und der Gründung der Universität Berlin beteiligt. 1823 wird er im Rahmen der Demagogenverfolgung verhört. Vertrauter B.s, mit dem sie in intensivem

geistigem Austausch steht und der sie zur Hilfe bei der Cholera-Epidemie anregt.
Schiller, Friedrich von (1759–1805): Dichter und Philosoph. Durch Vermittlung Goethes 1789 Professur für Geschichte in Jena. Ab 1794 Freundschaft mit Goethe.
Schloeffel, Friedrich Wilhelm (1800–1870): Fortschrittlicher Schlesischer Fabrikant und Demokrat, der B. Material zur Armut in Schlesien zuschickt. Wird während der Unruhen in Schlesien verhaftet und des Hochverrats beschuldigt. B. setzt sich für ihn ein.
Schön, Heinrich Theodor von (1773–1856): Gehört dem Kreis der preußischen Reformer um den Freiherrn vom Stein an, Jugendfreund Friedrich Wilhelms IV., 1843 Entlassung aus dem Staatsdienst.
Spontini, Gasparo (1774–1851): Generalmusikdirektor der Königlichen Oper. Verliert am 25. August 1841 (wegen Majestätsbeleidigung) seinen Posten. B. veröffentlicht für ihn ein Heft mit eigenen Liedkompositionen.
Stahr, Adolf (1805–1876): Lehrer aus Oldenburg, der B. über seine Rezension des ›Goethebuchs‹ kennenlernt. Verfasser einer Broschüre als Kurzfassung des ›Königsbuchs‹, die von der Zensur verboten wird.
Stein, Karl Reichsfreiherr vom u. zum (1757–1831): Politiker. Seit 1780 im preußischen Staatsdienst. Wird nach der Niederlage Preußens gegen Napoleon zum leitenden Minister berufen. Reformer Preußens. Nach seiner Entlassung Berater des russischen Zaren. Auf dem Wiener Kongreß Kontrahent Metternichs, da er die Einheit Deutschlands mit einem starken Bundestag anstrebt.
Steinhäuser, Karl (1813–1879): Bildhauer, der an B.s Projekt des Goethedenkmals mitarbeitet. B. korrespondiert mit seiner Frau Pauline.
Svederus, Georg: Schwedischer Nationalökonom. Muß seine Heimat aus politischen Gründen verlassen. B. wird über Varnhagen mit ihm bekannt und läßt seine Broschüre über ›Industrialismus und Armut‹ verlegen.
Tieck, Johann Ludwig (1773–1853): Erzähler, Lyriker, Dramatiker, Publizist. Studium der Theologie, philologische und historische Studien. 1799 im Jenaer Frühromantikerkreis, Studienreisen, intensive Shakespeare-Studien. Übersiedlung nach Berlin. Dramaturg der königlichen Theater.
Tschech, Heinrich Ludwig: Seit 1832 Bürgermeister in Storkow. Kämpft gegen die Korruption und Armut und wird 1840 deswegen entlassen. Keine Neuanstellung, Versorgungsansprüche werden nicht anerkannt. Unternimmt am 6. Juli 1844 einen Attentatsversuch gegen den König. Am 12. Dezember Vollstreckung des Todesurteils in Spandau.
Varnhagen von Ense, Karl August (1785–1858): Schriftsteller und preußischer Diplomat. 1814 Begleiter und Pressechef Hardenbergs auf dem Wiener Kongreß. 1814 Eheschließung mit Rahel Levin. Geheimer Legationsrat. Wohnsitz in Berlin. Über sein Tagebuch und seine intime Kenntnis der Politik ist V. ein wichtiger Zeitzeuge.
Varnhagen von Ense, Rahel Antonie Friederike, geb. Levin Markus (1771–1833): Schriftstellerin, Kritikerin. Tochter eines jüdischen Kaufmanns. 1812 erste Veröffentlichungen im ›Morgenblatt‹. 1814 Taufe und Eheschließung mit K. A. Varnhagen. Unterhält gemeinsam mit ihrem Mann einen literarischen Salon.
Wieland, Christoph Martin (1733–1813): Dichter und Jugendfreund von Sophie von la Roche, der ihren Briefroman herausgibt. Stellt B. ein Empfehlungsschreiben für den ersten Besuch bei Goethe aus.
Wilhelm I. König von Preußen (1861–1888): Deutscher Kaiser (1871–1888), Sohn Friedrich Wilhelms III., jüngerer Bruder und Nachfolger Friedrich Wilhelms IV. Muß aufgrund seines brutalen Vorgehens bei der Märzrevolution (»Kartätschenprinz«) zunächst nach England fliehen. Führt nach seiner Rückkehr die Truppen gegen die Aufständischen in Baden und der Pfalz (1849). Ab 1858 Regentschaft für seinen geistig umnachteten Bruder.
Winkelmann, Johann Joachim (1717–1768): Kulturforscher.
Winter, Peter von (1755–1825): Komponist. Münchner Hofkapellmeister und Musiklehrer B.s.

Personenregister

Bildnachweis

Abtei St. Bonifaz, München 13
Akademie der bildenden Künste, Kupferstichkabinett, Wien 10
AKG, Berlin 1, 6, 9, 15, 22, 26, 29, 32, 39, 43, 46, 47, 52, 55, 56, 68, 71, 72
Artothek, Peissenberg 27, 28
Bildarchiv Preußischer Kulturbesitz, SMPK, Nationalgalerie 20; Kupferstichkabinett 25, 51, 69, 74
Freies Deutsches Hochstift – Frankfurter Goethe-Museum (Fotos: Ursula Edelmann) 2, 3, 11, 12, 18, 24, 30, 33, 34, 35, 37, 41, 64
Museum der bildenden Künste, Leipzig 44
Museum Folkwang, Essen 16
Rheinisches Bildarchiv, Köln 7
Stiftung Weimarer Klassik – Goethe-Schiller-Archiv, Weimar 17
Verwaltung der Staatlichen Schlösser und Gärten Hessen, Bad Homburg v. d. H. 5

Die Rechte der hier nicht aufgeführten Abbildungen liegen beim Herausgeber oder konnten nicht ermittelt werden. Berechtigte Ansprüche werden selbstverständlich angemessen abgegolten.